하나님의 참 본성

The True Nature of God
ISBN 978-1-60683-521-0
ⓒ 1997, 2011 by Andrew Wommack Ministries, Inc.
P.O.Box 3333
Colorado Springs, CO 80934-3333

Korean, Korea Edition Copyright
ⓒ 2019 by Word of Faith Co.
All rights reserved.

하나님의 참 본성

발행일 2019. 4. 20 1판 1쇄 발행
　　　　2025. 8. 26 1판 4쇄 발행

지은이 앤드류 워맥
옮긴이 반재경
발행인 최순애
발행처 믿음의말씀사
2000. 8. 14 등록 제 68호
우) 18365 경기도 화성시 만년로 915번길 27 B동
Tel. 031) 8005-5483 Fax. 031) 8005-5485
http://faithbook.kr

ISBN 89-94901-87-6 03230
값 13,000원

본 저작물의 저작권은 '믿음의 말씀사'가 소유합니다.
저작권법에 의해 보호를 받는 저작물이므로 무단 전재와 복제를 금합니다.

하나님의 참 본성

하나님의 성품을 아는 것의 중요성과 유익

앤드류 워맥 지음 | 반재경 옮김

믿음의말씀사

| 목차 |

서론 _ 6

01 하나님은 이중인격자신가? _ 15
02 구약에 나타난 하나님의 은혜 _ 35
03 율법의 목적 _ 65
04 하나님의 선물, 영생 _ 97
05 성도를 향한 하나님의 은혜 _ 133
06 하나님을 아는 지식 _ 167
07 사역자를 향한 하나님의 선하심 _ 177
08 하나님의 새 포도주 _ 193
09 하나님 중심이 될 때 오는 능력과 기쁨 _ 209

결론 _ 225

| 서론 |

하나님을 진정으로 알고 하나님의 실제 모습인 '놀라운 은혜의 아버지'로 그분을 이해하면 하나님과 하나님의 말씀을 믿는 데 어떠한 어려움도 없다는 사실을 아십니까?

최근까지 그리스도의 몸 된 교회에서는 믿음에 대해 가르치는 것과 믿음을 갖기 위해 성경 말씀을 고백하는 것에 대해 많이 강조해 왔습니다. 저도 하나님의 말씀을 고백하는 것이 유익하다고 생각하며 믿는 자들은 하나님께 믿음을 두어야 하는 것이 맞습니다. 그러나 중요한 열쇠가 하나 누락되었다는 것 또한 말씀드리고 싶습니다.

누군가를 믿는다는 것은 상대방과의 관계를 발전시켜서 그에 대해 매우 잘 알게 된 결과 그를 온전히 신뢰하게 된 상태를 뜻합니다.

제 친구 목사가 한번은 이런 말을 했습니다. 그가 자신의 어린 딸을 안고 있을 때 그 아이는 이렇게 고백해야 할 필요가 전혀 없다는 것입니다. "나는 우리 아빠가 나를 떨어뜨리지 않을 것이라고 나의 마음으로 믿고 나의 입으로 시인합니다. 그리고 나는 우리 아빠가 나를 굶기지 않을 것이라고 나의 마음으로 믿고 나의 입으로 시인합니다." 그 아이는 아빠가 자기를 잘 보살펴 줄 것이라고 믿기 위해 애쓸 필요가 없습니다. 그냥 아빠의 사랑 안에서 편안하게 안식하면 됩니다. 아빠가 어떤 사람인지 알고 아빠의 성품을 알기 때문에 아빠가 자기를 돌봐 줄 것이란 사실을 잘 압니다.

이와 같이 우리가 하나님을 더 많이 알게 되면 하나님께서 우리의 필요를 채우실 거라 믿는 것이 매우 쉬워집니다. 구원을 포함하여 우리가 하나님으로부터 받는 모든 것은 그분을 믿는 믿음을 통해 오는 것이기 때문에 하나님을 친밀하게 아는 것이 매우 중요합니다. 정말입니다! 우리가 하나님에게서 받는 모든 것은 그분을 앎으로 오는 것입니다.

신앙생활을 힘들어하는 사람들이 그렇게 많은 이유 중의 하나는 사실상 하나님과 일대일의 관계를 발전시키지 않아서입니다. 믿음과 고백에 대한 가르침을 받은 사람들도 마찬가지입니다. 그들은 하나님을 친밀하게 알지 못합니다.

신뢰할 만한 사람을 믿는 것은 어렵지 않습니다. 저는 개인적으로, 믿음이란 하나님을 더 잘 알 때 결과적으로 오는 것이라고 믿습니다. 하나님을 잘 알면 그분과 그분의 말씀을 믿는 것이 어렵지 않습니다. 그리고 하나님의 말씀을 믿을 때 하나님으로부터 공급하심을 받는 것도 어렵지 않습니다. 그러나 하나님을 잘 모르면 사탄은 우리로 하여금 하나님을 불신하게 만들 수 있고 그가 하나님에 대해 온갖 거짓말을 해도 하나님을 잘 모르기 때문에 그냥 받아들입니다.

이 주제에 대해 더 자세한 설명에 들어가기 전에 제가 "충격요법"을 사용하여 말씀을 전하는 경향이 있음을 말씀드려야겠습니다. 사람들을 집중하게 해서 제가 전달하는 내용을 **진정으로 듣게** 만드는 것은 굉장히 어려운 일입니다. 그래서 저는 때때로 사람들을 집중시키려고 설교 중에 저 자신을 난처한 입장으로 몰아가곤 합니다. 그러면 제가 거기서 어떻게 **빠져**나올지 궁금해서라도 사람들이 제 이야기에 집중하기 때문입니다. 그 결과 사람들은 제가 전달하는 바를 열심히 듣게 되고 결국 저의 논점을 이해하게 됩니다.

하나님의 말씀은 단순합니다. 제가 아는 어떤 목사님은 이렇게 말했습니다. "하나님의 말씀은 너무나 간단해서 방해하는 사람만 없다면 말씀을 오해하는 것이 오히려 더 어렵다." 하나님의 말씀에는 어려운 것이 없습니다. 가장 큰 문제는 사람들이 진정으로 듣지 않는다는 것입니다. 사람들은 설교를 들으면서 점심에 뭘 먹을지 생각하거나 이런저런 잡다한 것들을 생각합니다. 그런 이유로 제가 전달하는 내용들이 다소 극적으로 보일 수 있다는 말씀을 먼저 드립니다.

오래전에 한 집회에서 저는 '믿는 자들이 겪는 문제는 하나님께서 보내신 것이 아니다'라는 것에 대해 가르치고 있었습니다. 그때 어떤 남자가 열두 살 된 딸과 함께 참석했었는데 그 아이는 하반신 마비로 기저귀를 찬 채 휠체어를 타고 있었습니다. 주변 상황도 인식하지 못하는 심각한 상태였습니다.

저는 그의 딸이 그런 고통을 겪는 것은 하나님께서 하신 일이 아니라고 말했고, 그 말에 아이의 아버지는 매우 화를 냈습니다. 그러자 그 남자를 데려온 사람들이 그에게 이렇게 말했습니다. "워맥 목사님께 설명할 기회는 드려야 하지 않겠어요? 집회가 끝나면 그 말이 무슨 뜻인지 한번 물어봅시다."

집회가 끝나고 그 남자는 저에게 와서 이렇게 말했습니다. "우리 딸이 이렇게 된 것은 하나님의 뜻입니다. 태어날 때부터 이랬습니다. 이것이 이 아이를 향한 하나님의 뜻이고 하나님은 이것을 통해 영광 받으십니다."

그래서 제가 대답했습니다. "아니요, 하나님께서 하신 일이 아닙니다. 여자아이가 휠체어를 탄 채, 정상적으로 생활하지 못하는 것은 하나님의 뜻이 아닙니다. 하나님은 사람들을 그렇게 대하지 않으십니다." 저는 제 주장을 증명하는 성경 구절을 제시했고 그 사람도 자신이 주장하는 것을 위한 성경 구절을 제시했습니다. 저는 그가 성경 말씀을 잘못 해석한다고 생각했고 그는 제가 성경 말씀을 잘못 해석한다고 생각했습니다. 우리의 대화는 어떠한 결론에도 도달할 수 없는 신학적 대립으로 가는 것 같아 보였습니다.

그 대립이 마침내 깨진 것은 제가 이렇게 말했을 때입니다. "도대체 당신은 무슨 아버지가 그렇습니까? 자기 딸을 사랑하지도 않나요? 도대체 어떻게 된 아버지가 이래요? 딸이 평생 휠체어를 타든 말든 상관없습니까? 자기 딸이 정상적으로 뛰어놀기를 바라지 않아요?"

제가 이렇게 말하자 그는 극도로 분노했습니다! 아마도 저에게 주먹을 날리기 직전이었을 것입니다. 그는 이렇게 소리쳤습니다. "나는 내 딸을 사랑해요! 딸을 위해서라면 뭐라도 할 겁니다. 내가 돈은 많지 않지만 우리 아이가 나을 수만 있다면 빚도 내고 뭐라도 팔아 내가 할 수 있는 것은 뭐든지 다 해서 필요한 돈을 모을 겁니다."

바로 그때 제가 이렇게 물었습니다. "그래서, 하나님은 그렇게 안 하실 거란 말입니까? 하나님은 뭔가를 가르치기 위해 당신 딸에게 고통을 주기 원하신단 말이에요? 하나님께는 이 아이를 치유할 능력이 있으면서도 팔짱이나 끼고 뒤로 물러나 앉아 일부러 치유를 안 하신다는 뜻입니까?"

그는 저의 교리를 반박할 수는 있었지만, 하나님을 아버지로 설명하자 자신의 딸을 치유하시려는 하나님의 뜻을 깨닫게 되었습니다. '우리를 사랑으로 돌보시는 아버지'로 하나님을 설명하자 이의를 제기할 수 없었던 것입니다. 그는 하나님을 '좋으신 하늘 아버지'로 보게 되었고 그의 딸은 자신의 딸이기 전에 하나님의 딸이며 하나님은 그분의 딸이 그렇게 마비된 채 사는 것을 원치 않으신다는 사실을 깨닫게 된 것입니다. 그 깨달음은 그의 모든 분노를 씻어주었습니다.

하나님은 좋은good 분이시며 그분은 우리를 사랑하신다는 사실을 알면 우리의 믿음을 훼방하려는 사탄의 무기는 효력이 없어집니다. 어떤 분은 "그가 채찍에 맞음으로 너희는 나음을 얻었나니"(벧전 2:24)라는 말씀을 근거로 치유를 놓고 기도해 왔을지 모릅니다. 믿음에 관한 가르침과 말씀을 고백하는 것, 그리고 그와 관련된 모든 원리를 이미 알고 있을지도 모릅니다. 그러나 극복할 수 없는 어떤 의심이 있지는 않습니까? 그것은 깊은 내면에 도사리고 있는 두려움이며 '과연 하나님은 나를 고쳐주실까?'라고 의심하게 합니다.

나를 향한 하나님의 온전한 사랑을 이해하기만 하면 그 두려움은 우리의 생각에서 완전히 사라진다는 사실을 아십니까? 요한일서 4장 18절은 이렇게 말합니다. "온전한 사랑이 두려움을 내어 쫓나니" 나의 삶을 향한 하나님의 뜻이 과연 이루어질 것인지 의심하면서 두려워하면 하나님과 그분의 무한한 사랑을 진정으로 이해할 수 없으며 알 수도 없습니다.

하나님께서 그분의 독생자를 보내 십자가를 지게 하시기까지 나를 사랑하신 것이 사실이라면 지금도 내 삶 가운데에서 내가 순종할 때 그분의 뜻을 이루고도 남을 만큼 충분히 나를 사랑하고 계시지 않을까요? 하나님에 대하여 아는 것으로는 부족합니다. 나를 향한 하나님의 사랑을 **진정으로 알면** 하나님을 쉽게 의심하지 못합니다. '나를 정말 기꺼이 도와주실까?' 하며 하나님을 의심하지 않습니다. 그분이 나를 얼마나 세심하게 돌보고 계신지 안다면 하나님을 쉽게 불신하지 못합니다. 제가 무슨 말을 하려는지 아시겠지요?

사람들 간의 관계는 완벽한 것이 아니기 때문에 그것을 통해 우리와 하나님과의 관계를 전부 다 설명할 수는 없습니다만 저의 지인 몇 명만 생각해 봐도 그 사람들과 제가 아주 좋은 관계를 갖고 있기 때문에, 만약 그들이 나를 비판하고 나에 대해 부정적인 말을 하고 다닌다는 말을 듣게 되더라도 저는 그 소문을 믿지 않을 것입니다. 그들을 잘 알기 때문입니다.

우리의 관계는 매우 잘 형성되어 있기 때문에 그들이 저에게 화가 난 일이 있다면 저에게 직접 말했을 것입니다. 이렇듯 그들이 어떻게 할지 제가 잘 알기 때문에 그 어느 누구도 저에게 그들에 관한 거짓말을 할 수 없습니다.

누군가 저에게 와서 제가 사역을 위해 집을 비운 사이 제 아내가 불륜을 저질렀다고 말한다면 그것은 마치 개가 달을 보고 짖는 것과 같습니다. 저는 아내를 아주 잘 알고 있습니다. **저는 제 아내를 압니다.** 누군가는 이렇게 말할 수도 있습니다. '글쎄요, 목사님, 그렇게 확신할 수는 없지요. 알 수 없는 일 아닙니까?' 이렇게 말하는 사람은 자신이 배우자와 좋은 관계를 갖지 못하고 있음을 증명할 뿐입니다. 상대방을 잘 알게 되면 그 사람이 특정 상황에서 어떤 말과 행동을 할지 알 수 있습니다.

우리와 하나님의 관계도 이와 다르지 않습니다. 하나님이 우리에게 바라시는 것은 어떤 상황에서도 하나님은 우리에게 최선의 것을 주시는 분임을 우리가 확신하는 것입니다. 그리고 이 책에서 제가 전달하고자 하는 것도 바로 그것입니다. 그 어떤 누구도 우리를 향한 하나님의 선하심을 의심하게 할 수 없을 만큼 하나님을 잘 아는 것 말입니다.

# 01

하나님은 이중인격자신가?

사람들이 하나님을 그렇게 쉽게 불신하는 한 가지 이유는 하나님을 말씀을 통해 알지 못하기 때문입니다. 하나님에 대해 뭐라도 하나 진정으로 알 수 있는 방법이 있다면 그것은 오직 성경을 통해서입니다. 이 세상 모든 사람들이 '하나님은 이런 분일거야', '하나님이라면 이렇게 하시겠지' 하면서 각각 자기만의 의견을 가지고 있습니다. 하지만 하나님을 아는 방법 중에 하나님께서 우리에게 알려주신 방법, 즉 진정으로 믿을 만한 유일한 자료는 기록된 하나님의 말씀뿐입니다.

대부분의 그리스도인들이 하나님의 말씀을 규칙적으로 읽지 않습니다. 여기서 조금, 저기서 조금 읽거나 TV나 인터넷 설교를 듣거나, 아니면 주일날 교회 가서 듣는 설교가 전부입니다.

그 정도로는 삶에 진정한 변화를 가져오지 못합니다. 더군다나 하나님과 그분의 본성을 이해하는 일에는 어떠한 변화도 주지 못합니다.

하나님의 말씀을 규칙적으로 읽고 공부하는 사람들도 있습니다. 그러나 성경의 많은 부분들이 하나님을 마치 "이중인격자"처럼 보이게 합니다. 물론 하나님은 이중인격자가 아니십니다. 말씀을 대강 읽으면 그런 인상을 받는다는 말입니다.

예를 들면 안식일에 땔감을 주웠다는 이유만으로 그 사람을 돌로 쳐 죽이라(민 15:32-35)고 하신 하나님께서 간음하다 현장에서 잡힌 여인은 용서하고 정죄하지 않으셨습니다(요 8:3-11). 이런 경우를 보면서 우리는 하나님의 성품에 대해 잘못된 인상을 갖게 된 것입니다.

구약은 미완성이다

하나님의 말씀은 서로 상반되지 않습니다. 그 안에는 완벽한 조화가 있습니다. 이 책에서 다룰 내용은 구약과 신약의 조화를 발견하여 하나님의 본성에 대해 더 잘 이해하고 더 완성된 이해를 갖도록 하는 것입니다.

구약에 나타난 하나님의 모습은 하나님의 전부가 아닙니다. 구약이 보여주는 하나님의 모습이 틀렸다는 말이 아니라 그것이 하나님의 모습의 전부가 아니라는 것입니다. 구약에만 근거해서 하나님의 본성을 이해하려는 사람들은 하나님의 모든 것에 대해 정확하게 알 수 없습니다. 구약은 하나님의 모습의 일부분이기 때문입니다. 구약은 하나님을 완전하게 보여주지 못하고 있습니다. 신약을 이해하지 못하고 구약과 신약의 조화를 발견하지 못하면 결국 하나님의 사랑과 그분의 본성 전체를 오해하게 됩니다.

어느 날 꿈을 꿨는데 꿈속에서 제가 여호수아였습니다. 저는 약속의 땅을 향해 가고 있었고 하나님께서는 여호수아에게 명령하신 것처럼 저에게도 그곳에 사는 사람들을 모두 죽이라고 하셨습니다. 그것은 저에게 너무나도 어려운 일이었습니다! 어떤 여인도, 어떤 어린아이도, 숨을 쉬는 어떤 것도 살려둬서는 안 됐으니까요. 그들을 죽이는 일을 정당화할 수 없어서 이렇게 말할 뻔했습니다. "하나님, 저는 할 수 없어요."

그런데 그것보다 더 끔찍한 사실은 저와 제일 친한 친구가 그곳에 살고 있었다는 것입니다. 저는 그 친구와 그의 아내, 그리고 아이들까지 다 죽여야만 했습니다. 꿈에서 깨어나 생각했습니다. '하나님, 저는 그렇게 할 수 없어요.' 아침 내내 그 꿈에

대해 묵상하며 하나님께 기도했습니다. '하나님, 그때는 어떻게 그런 일이 일어날 수 있었습니까?'

이것에 대한 해답은 신약의 계시를 통해 구약을 볼 때 찾을 수 있었습니다. 하나님께서 저에게 알려주신 답은 만약 예수님께서 인간의 몸으로 구약의 여호수아 시대에 사셨다면 예수님은 여호수아가 했던 것과는 다르게 하셨다는 것입니다. 여호수아가 잘못했다는 말은 아닙니다. 여호수아는 하나님께 순종했고 그 시대에는 하나님께서 그러한 방법으로 일하셨습니다. 그렇게 하셔야만 했기 때문입니다.

그럼에도 불구하고 하나님께서 여호수아를 통해 하신 일들은 하나님의 본성을 온전하게 보여주지 못하고 있으며 신약에서 보여주신 하나님의 모습도 아닙니다. 하지만 많은 사람들에게 하나님은 '마음에 들지 않는 사람들을 다 쓸어버리는 진노의 하나님'이라는 인상이 있습니다.

많은 그리스도인들이 위대한 하나님의 사람이 되고 싶은 열망에 구약으로 돌아가서 구약의 선지자들을 모방하기도 합니다. 선지자 같다는 말을 듣거나 선지자의 기름 부으심이 있는 것 같다는 말을 들으면 사람들은 곧바로 엄하고 무정하게 변합니다. 마치 자신이 엘리야나 된 듯이 행동하면서 상대방에게 손가락을 들이대며 정죄합니다. 사람들이 엘리야를 생각할 때, 사람들을 정죄하고 꾸짖고 기근을 내려 사람들을 굶기거나 뭔가를 가르치기 위해 불을 내려 사람들을 태워 죽이는 사람 정도로 생각합니다.

물론 엄하지도, 무정하지도 않았던 선지자들이 있었지만 사람들이 선지자를 생각할 때는 대부분 엘리야와 같은 사람을 생각합니다. 신앙의 연륜이 짧은 그리스도인들 중에서 자신이 선지자라고 생각하는 사람들은 자기 자신을 하나님의 회초리라고 믿곤 합니다. 자기들이 하나님의 모든 심판과 진노를 모아서 잘못하는 사람들을 치겠다는 것이지요. 하지만 그것은 선지자의 사역을 총체적으로 이해하지 못한 것이며 하나님의 본성은 더더욱 아닙니다.

옛 언약 아래에서는 그러한 방법으로 처리된 일들도 있었지만 그것이 하나님의 본성의 전체는 아닙니다. 그래서 우리가 마주하고 있는 이 하나님이 진정 어떤 분이신지 정확하게 아는 것은 치명적으로 중요합니다. 하나님의 본성을 모르거나 그분을 진정으로 이해하지 못하면 하나님의 축복과 능력 안에서 효과적으로 행할 수 없기 때문입니다. 우리가 어떤 성경 말씀을 공부하든 누구의 설교를 듣든, 그것은 중요하지 않습니다. 이미 말씀드렸고 앞으로도 계속 말씀드리겠지만 하나님을 진정으로 아는 단계, 그분과 친밀한 관계를 갖는 단계에 이르러야 합니다.

말씀을 오해하여 갖게 된 종교적인 개념들이 사람들로 하여금 하나님과 가까운 관계를 갖지 못하게 하고 있습니다. 하나님 앞에 나아가는 것을 두려워하는 사람들이 많은 이유는 하나님께서 그들을 치실 것이라고 배웠거나 그런 인상을 받았기 때문입니다. 그래서 하나님께 나아갈 때마다 머리를 푹 숙이고 자책하며 나아가야 한다고 생각합니다. 그런 관계는 하나님이 원하시는 관계도 아니고 하나님의 말씀이 가르치는 바도 아닙니다.

구약의 심판

아합과 이세벨은 아마도 역사상 가장 악했던 사람들이었을 것입니다. 최소한 이스라엘 왕과 왕비 중에서는 가장 부패한 사람들이 틀림없습니다. 열왕기상 21장 1-24절을 보면 그 둘이 작당해서 죄 없는 나봇을 죽이고 그의 포도밭을 빼앗는 장면이 나옵니다. 그들은 나봇을 돌로 쳐 죽인 뒤 그 시신을 들판에 버리라고 명령했고 명령을 받은 사람들이 그렇게 하자 개가 와서 그 피를 핥았습니다. 그 일이 있고 나서 아합은 나봇에게서 빼앗은 포도밭에 갔는데 거기서 엘리야를 만납니다.

> 아합이 엘리야에게 이르되 내 대적자여 네가 나를 찾았느냐 대답하되 내가 찾았노라 네가 네 자신을 팔아 여호와 보시기에 악을 행하였으므로   열왕기상 21:20

엘리야가 아합을 꾸짖으며 이렇게 말합니다. "여호와의 말씀이 개들이 나봇의 피를 핥은 곳에서 개들이 네 피 곧 네 몸의 피도 핥으리라 … 개들이 이스르엘 성읍 곁에서 이세벨을 먹을지라"(왕상 21:19, 23).

이 예언이 성취되기까지 시간이 좀 걸리긴 했지만 결국 아합은 전쟁에서 죽었고 그의 시신을 옮기던 병사들이 병거를 씻고 있었을 때 개들이 아합의 피를 핥았습니다(왕상 22:38).

이세벨은 어떻게 되었을까요? 예후가 왕이 된 후 이세벨은 성에서 밀려 떨어졌습니다. 그러자 예후가 자신의 병거로 그 시신 위를 오가며 짓밟습니다. 그러고는 성으로 들어가 음식을 먹었습니다. 그러다가 이렇게 말합니다. "그녀는 왕의 딸이 아니더냐. 악한 여자였지만 묻어주어라."

예후가 이세벨을 장사하라고 사람들을 보냈지만 거기엔 이세벨의 머리, 손, 발만 남아 있었습니다. 나머지는 개들이 먹어버린 것입니다(왕하 9:30-37)! 엘리야의 놀라운 예언은 그가 말한 그대로 이루어졌습니다. 자, 상황이 이런데 엘리야에게 밉보여서야 되겠습니까?

아합과 이세벨이 하나님께 지은 죄가 너무 컸기에 엘리야는 그들이 끔찍한 죽음을 맞이할 것이라고 예언했습니다. 그들의 아들 아하시야는 그 예언이 성취되는 것을 목도했음에도 불구하고 자신의 부모가 그랬던 것처럼 엘리야를 몹시 싫어했습니다.

아하시야는 부모의 뒤를 그대로 따랐습니다. 유일하신 하나님을 찾지 않고 이방신을 섬긴 것입니다. 병이 들었을 때도 하나님을 찾지 않았으며 그분께 치유를 구하지도 않았습니다. 오히려 에그론의 신 바알세불에게 사람들을 보냅니다.

열왕기하 1장 3-8절을 보면 아하시야의 사신들이 이방신에게 물으러 갈 때 엘리야가 그들을 만납니다.

> 여호와의 사자가 디셉 사람 엘리야에게 이르되 너는 일어나 올라가서 사마리아 왕의 사자를 만나 그에게 이르기를 이스라엘에 하나님이 없어서 너희가 에그론의 신 바알세붑에게 물으러 가느냐 그러므로 여호와의 말씀이 네가 올라간 침상에서 내려오지 못할지라 네가 반드시 죽으리라 하셨다 하라 엘리야가 이에 가니라 사자들이 왕에게 돌아오니 왕이 그들에게 이르되 너희는 어찌하여 돌아왔느냐 하니 그들이 말하되

한 사람이 올라와서 우리를 만나 이르되 너희는 너희를 보낸 왕에게로 돌아가서 그에게 고하기를 여호와의 말씀이 이스라엘에 하나님이 없어서 네가 에그론의 신 바알세붑에게 물으려고 보내느냐 그러므로 네가 올라간 침상에서 내려오지 못할지라 네가 반드시 죽으리라 하셨다 하라 하더이다 왕이 그들에게 이르되 올라와서 너희를 만나 이 말을 너희에게 한 그 사람은 어떤 사람이더냐 그들이 그에게 대답하되 그는 털이 많은 사람인데 허리에 가죽 띠를 띠었더이다 하니 왕이 이르되 그는 디셉 사람 엘리야로다

아하시야 왕은 그가 엘리야인 것을 알았고 두려움에 사로잡혀 그를 잡을 군대를 보냅니다.

이에 오십부장과 그의 군사 오십 명을 엘리야에게로 보내매 그가 엘리야에게로 올라가 본즉 산 꼭대기에 앉아 있는지라 그가 엘리야에게 이르되 하나님의 사람이여 왕의 말씀이 내려오라 하셨나이다 엘리야가 오십부장에게 대답하여 이르되 내가 만일 하나님의 사람이면 불이 하늘에서 내려와 너와 너의 오십 명을 사를지로다 하매 불이 곧 하늘에서 내려와 그와 그의 군사 오십 명을 살랐더라   열왕기하 1:9-10

엄청난 사건 아닙니까? 엘리야에게 밉보여서는 정말 안 될 것 같아 보입니다. 아하시야가 오십부장과 그에 딸린 군사 오십 명으로 이루어진 군대를 보냈지만 엘리야는 하늘에서 불을 내려 그들을 전부 태워버립니다.

왕이 다시 다른 오십부장과 그의 군사 오십 명을 엘리야에게로 보내니 그가 엘리야에게 말하여 이르되 하나님의 사람이여 왕의 말씀이 속히 내려오라 하셨나이다 하니 엘리야가 그들에게 대답하여 이르되 내가 만일 하나님의 사람이면 불이 하늘에서 내려와 너와 너의 오십 명을 사를지로다 하매 하나님의 불이 곧 하늘에서 내려와 그와 그의 군사 오십 명을 살랐더라   열왕기하 1:11-12

이제 총 102명이 타 죽었습니다! 어떤 사람은 '사탄이 한 일이네'라고 할지도 모르겠습니다. 하지만 12절을 보면 하늘에서 내려온 것은 하나님의 불이라고 합니다. 엘리야는 사람들을 불태워 버릴 수 있을 정도로 하나님의 능력을 사용할 수 있었던 것입니다. 하나님의 능력과 기름 부으심으로 사람들을 죽일 수 있었던 것이지요. 비슷한 장면이 요한계시록 11장 5절에도 나옵니다. 두 증인의 입에서 불이 나와 하나님을 대적하는 사람들을 전부 불사르는 장면입니다.

하나님은 엘리야를 보호해 주시기 위해 하늘에서 불을 내리셨고 102명을 죽이셨습니다. 마지막으로 세 번째 오십부장과 그의 군사들이 왔는데 이번 오십부장은 하나님을 두려워하는 사람이었습니다. 그의 말을 요약해 보면 이렇습니다. "저를 긍휼히 여겨주십시오. 저는 왕이 시키는 대로 할 뿐입니다." 그래서 하나님은 엘리야에게 그와 함께 가라고 하셨습니다.

엘리야가 그들과 함께 갔지만 하나님께서 보호해 주셔서 왕의 군사들에게 아무런 해를 당하지 않았습니다. 그래서 이번에는 하늘에서 불을 내려 사람들을 죽여야 할 필요가 없었던 것입니다. 여기서 우리가 알 수 있는 것은 그전에도 엘리야가 꼭 그렇게 불을 내려 사람들을 죽여야 할 필요까지는 없었다는 사실입니다! 다만 이것은 하나님께서 그분의 선지자를 보호하시기 위해 하나님의 능력과 기름 부으심, 그리고 하나님의 진노를 보여주신 구약의 예입니다.

새 언약의 은혜

자, 그럼 이것을 누가복음에 나오는 이야기와 비교해 봅시다.

예수께서 승천하실 기약이 차가매 예루살렘을 향하여 올라가기로 굳게 결심하시고 사자들을 앞서 보내시매 그들이 가서 예수를 위하여 준비하려고 사마리아인의 한 마을에 들어갔더니 예수께서 예루살렘을 향하여 가시기 때문에 그들이 받아들이지 아니 하는지라   누가복음 9:51-53

하나님께서 유대인들을 위한 예배의 중심지는 예루살렘이라고 명하신 적이 있습니다(대하 6:6). 거기에 하나님의 성전이 있었고 언약궤가 있었습니다. 하나님의 백성들에게 오직 예루살렘에서만 예배하라고 명령하신 것입니다.

이스라엘 사람들이 하나님께 반항하자 앗수르에 의해 북방의 10개 지파가 끌려가도록 하나님께서 허락하신 적도 있습니다. 남쪽의 두 지파, 베냐민 지파와 유다 지파는 예루살렘에서 계속 예배했기 때문에 그 땅에서 안전하게 살 수 있었습니다.

이스라엘 북방의 지파들이 노예로 끌려간 뒤 앗수르 왕은 앗수르에 살던 식민지 사람들을 이스라엘로 보내 그곳에서 살게 했습니다. 이스라엘로 보내진 식민지 사람들은 북방 10지파의 남은 자들과 결혼을 하게 됩니다. 즉 이스라엘에 남은 자들이 유대인으로서의 정체성을 버리고 앗수르의 이교도들과 결혼한 것인데 이것은 '하나님을 예배하지 않는 자들과 결혼하지 말라'는 하나님의 명령에 대한 직접적인 불순종이었습니다.

이스라엘로 이주해 온 앗수르 사람들이 하나님의 도를 몰랐기 때문에 그 땅에는 짐승들이 점점 늘어나기 시작했습니다. 열왕기하 17장은 하나님께서 그들에게 사자를 보내셨다고 합니다. 그 사자들은 사람들을 물어 죽였습니다. 유대인들에게 풍요의 축복으로 주어졌던 약속의 땅이 앗수르인들을 잡아먹는 짐승들로 가득하게 된 것입니다.

이 이야기가 앗수르 왕에게 전달되자 그는 이스라엘에서 잡아 온 제사장들을 약속의 땅으로 다시 돌려보내서 그곳에 있는 앗수르인들에게 하나님의 도를 가르치게 했습니다. 그들이 하나님을 기쁘시게 하면 짐승들에게 잡혀 먹히지 않을 거란 생각이었습니다.

앗수르에서 온 식민지 사람들은 하나님을 기쁘시게 할 외적인 행동에 대해 배우기 시작했지만 그들의 마음은 바꾸지 않았습니다. 계속해서 이방신을 섬겼고 자신들의 우상숭배를 이스라엘 예배 의식과 배합하였습니다. 짐승들을 없애기 위해 하나님의 마음을 바꾸고자 필요한 일을 했지만 그것은 순수하게 하나님을 예배한 것이 아니었습니다.

결과적으로 북방 민족은 혼혈이 되어 사마리아인이라 불리게 되었고 이스라엘에 민족 갈등을 가져왔습니다. 예루살렘에 살았던 독실한 유대인들은 예배를 부패하게 만든 사마리아인들을 경멸했습니다. 그것은 요한복음 4장에서 예수님이 사마리아 여인과 야곱의 우물가에서 대화를 나누신 이야기를 읽어 보면 잘 알 수 있습니다. 이렇듯 유대인과 사마리아인 사이에는 종교와 인종에 대한 선입견으로 심각한 미움이 도사리고 있었고 유대인들은 사마리아인들과 상종조차 하지 않으려고 했습니다.

누가복음 9장을 보면 예수님께서 이미 사마라아인들에게 복음을 전하신 상태였습니다. 그때 사마리아 성city 전체가 예수님께 나아왔었습니다. 그리고 그들은 예수님을 메시아로 받아들였습니다. 그런데 이제 예수님께서 그 지역을 지나가시려 하자 그들이 예수님을 받아들이려 하지 않았던 것입니다. 아마도 예수님께서 사마리아를 지나 예루살렘으로 가셔서 그들이 "위선자"라고 생각하는 유대인들과 함께 예배를 드리고자 하셨던 것을 사마리아인들이 알았던 것 같습니다. 유대인과 예수님의 친분 때문에 예수님을 거절한 것인데 그것은 종교와 민족에 대한 선입견에서 온 거절이었습니다.

그런 이유로 예수님을 거절했다는 것은 상당히 심각한 일이었기에 예수님의 제자 야고보과 요한은 즉시 구약적인 반응을 보였습니다.

제자 야고보와 요한이 이를 보고 이르되 주여 우리가 불을 명하여 하늘로부터 내려 저들을 멸하라 하기를 원하시나이까

누가복음 9:54

야고보와 요한은 분명 예수님을 거절한 사마리아인들에게 불을 내리는 것이 정당하다고 생각했을 것입니다. 엘리야가 이스라엘의 하나님을 거절한 군사들에게 불을 내린 것에 근거해서 생각했던 것입니다(왕하 1:10-12). 사마리아인들은 주 예수님을 심하게 거절했고 게다가 야고보와 요한은 위대한 하나님의 사람 엘리야가 했던 대로 한 것뿐이니까요.

이들은 하나님의 말씀에 근거해서 엘리야가 했던 대로 하려고 했을 뿐인데 충성스럽고 열심이 특심이었던 이 제자들에게 예수님께서 어떻게 반응하셨는지 아십니까?

주께서 돌아서서 그들을 꾸짖으시며 말씀하시기를 "너희는 너희가 어떤 영을 지녔는지 알지 못하고 있도다. 인자는 사람들의 생명을 멸하려고 온 것이 아니라 구원하려고 왔느니라." 고 하시고 일행과 더불어 다른 마을로 가시더라.

누가복음 9:55-56, 한글킹제임스

예수님은 구약에서 행해졌던 일을 그대로 하려고 했던 야고보와 요한을 꾸짖으셨습니다. 그들은 다만 구약시대에 가장 능력 있었던 하나님의 사람 엘리야처럼 하려고 했던 것뿐인데 그런 그들을 꾸짖으신 것입니다. 이 말은 엘리야가 열왕기하 1장에서 행했던 일이 죄라는 뜻입니까? 아닙니다. 그 당시 하나님께서 사람들을 다루셨던 방법은 지금과 달랐으며 그때는 그 방법으로 하셨어야 했습니다.

구약과 신약의 조화

신약의 계시로 구약을 살펴서 하나님의 말씀을 전체적으로 보지 못하면 하나님을 구약의 하나님, 즉 진노와 심판과 응징의 하나님으로 보게 됩니다. 그것도 하나님에 관한 **한 가지** 진리입니다. 주 예수님의 사랑과 용서를 받아들이지 않은 사람들은 결국 하나님의 두려운 심판 날을 맞이할 것이기 때문입니다. 하지만 진노와 심판은 하나님의 **본성**의 핵심이 아닙니다.

하나님의 본성은 심판이 아닙니다. 하나님의 말씀에서는 그러한 점을 찾을 수가 없습니다. 그분은 분명 심판도 하시고 의롭고 거룩하시지만 요한일서 4장 8절은 "하나님은 사랑이시라"고 계시합니다. **사랑이 하나님의 참된 본성입니다.** 하나님께 사랑이 **있다거나** 사랑으로 **행하신다**는 정도가 아니라 하나님은 곧 사랑이십니다. 사랑이 하나님의 진짜 성품입니다.

하나님께 순종하기 위해 했던 엘리야의 행동도 하나님의 본성을 온전하게 보여준 것이 아니며 구약만으로는 하나님을 온전히 계시할 수 없습니다. 하나님을 온전히 이해하려면 신약을 알아야 합니다.

태초에 말씀이 계시니라 이 말씀이 하나님과 함께 계셨으니 이 말씀은 곧 하나님이시니라 … 말씀이 육신이 되어 우리 가운데 거하시매 우리가 그 영광을 보니 아버지의 독생자의 영광이요 은혜와 진리가 충만하더라   요한복음 1:1,14

예수께서 이르시되 빌립아 내가 이렇게 오래 너희와 함께 있으되 네가 나를 알지 못하느냐 나를 본 자는 아버지를 보았거늘 어찌하여 아버지를 보이라 하느냐   요한복음 14:9

예수님은 걸어 다니는 하나님의 살아있는 말씀이시며 그분을 볼 때 우리는 아버지를 보는 것입니다. 많은 그리스도인들이 직면한 문제는 그들이 예수님을 통해 하나님을 보지 않고 구약을 통해 하나님을 본다는 것입니다. 구약을 통해 하나님을 보고 있기 때문에 하나님의 진정한 모습에 대해서 그리고 하나님께서 그들과 갖기 원하시는 관계에 대해서 오해하고 혼란스러워하는 것입니다.

구약시대에는 하나님께서 인류와 죄를 지금과는 다르게 다루셔야 했습니다. 앞으로 계속해서 그 부분에 대한 성경 말씀들을 살펴볼 것입니다. 예수님께서 오신 후에는 아버지에 대한 참된 계시를 인류에게 보여주시며 구약의 하나님과는 상당히 다른 모습으로 행하셨습니다.

저의 개인적 생각이지만 만약 예수님께서 구약시대에 몸을 입고 오셨었다면 엘리야를 꾸짖으셨을 것이라 생각하고 또 여호수아도 가나안에서 아이들을 포함한 사람들을 죽이지 않아도 됐었을 거라 생각합니다. 모세가 했던 행동에 대해서도 여러 번 꾸짖으셨을 것입니다.

"그게 도대체 무슨 소립니까?"라고 할지도 모르지만 인류를 그렇게 엄하게 다루는 것은 하나님의 뜻이 아니었다는 사실이 하나님의 말씀에도 분명하게 드러나 있습니다. 그것은 하나님의 참된 본성도, 하나님의 참된 성품도 아니었습니다. 하지만 우리가 그것을 몰랐기 때문에 하나님에 대해 두 가지 서로 다른 인상을 갖게 된 것입니다. 하나님을 부분적으로만 보았던 것입니다.

우리는 대부분 우리를 향한 하나님의 사랑, 긍휼, 불쌍히 여기심compassion의 깊이를 진정으로 알지도, 이해하지도 못합니다. 또한 하나님에 대한 잘못된 인상이 우리로 하여금 하나님과 일정한 거리를 두게 합니다. 그래서 하나님의 말씀 전체를 조화롭게 보는 것이 중요합니다. 그래야만 하나님의 참된 본성을 분명하게 이해할 수 있기 때문입니다.

> 옛적에 선지자들을 통하여 여러 부분과 여러 모양으로 우리 조상들에게 말씀하신 하나님이 이 모든 날 마지막에는 아들을 통하여 우리에게 말씀하셨으니 이 아들을 만유의 상속자로 세우시고 또 그로 말미암아 모든 세계를 지으셨느니라 이는 하나님의 영광의 광채시요 그 본체의 형상이시라 그의 능력의 말씀으로 만물을 붙드시며 죄를 정결하게 하는 일을 하시고 높은 곳에 계신 지극히 크신 이의 우편에 앉으셨느니라 그가 천사보다 훨씬 뛰어남은 그들보다 더욱 아름다운 이름을 기업으로 얻으심이니   히브리서 1:1-4

3절에서 예수님은 하나님의 영광의 광채라고 말하며 하나님인격(본체)의 형상이라고 합니다. 즉 예수님이야말로 하나님을 완벽하게 보여주시는 분이며 하나님의 참 본성이 예수님을 통해 계시되었다는 뜻입니다.

앞으로 우리는 예수 그리스도를 통해 인류에게 제공된 하나님의 사랑과 긍휼, 용서가 구약시대에서도 이미 인류에게 주어져 있었다는 사실을 살펴볼 것입니다. 그러나 하나님의 선하심에 대한 구약시대 사람들의 반응이 하나님으로 하여금 인류를 거칠게 다룰 수밖에 없도록 만들었습니다. 신약의 계시로 구약을 바라보면 분명히 알 수 있는 것이 있습니다. 바로 하나님은 이중인격자가 아니시라는 것입니다!

02
구약에 나타난 하나님의 은혜

아마도 이런 질문을 하고 싶을 것입니다. "만약 예수님이 하나님의 참 본성을 보여주신 거라면 구약에 나타난 하나님의 모습은 뭡니까?" 그것은 하나님의 말씀을 보면 알 수 있습니다.

> 죄가 율법 있기 전에도 세상에 있었으나 율법이 없었을 때에는 죄를 죄로 여기지 아니하였느니라   로마서 5:13

우리가 "율법"이란 말을 사용할 때 구약 전체를 뜻하기도 하는데 이 구절에 쓰인 율법은 조금 더 구체적인 뜻을 가지고 있습니다. 여기서 "율법"이란 모세의 율법을 가리키며 그것은 십계명, 심판, 응징, 그리고 제사 의식의 규율을 전부 포함합니다.

로마서 5장 13절은 이 율법이 오기 전, 즉 모세의 율법이 들어오기 전에도 죄가 세상에 있었지만 죄를 죄로 여기지 않았다고 합니다. **여기다**란 말의 뜻은 '어떤 사람에 의해 행해진 일을 그 사람의 책임으로 돌리다' 또는 '어떤 사람에게 그 사람의 죄 값을 매기다'라는 뜻입니다. 다른 말로 하면 하나님께서 모세의 율법을 주시기 전까지는 죄에 대한 책임이 당사자에게 적용되지 않았다는 뜻입니다.

타락 이후에 임한 은혜

　대부분의 사람들은 에덴동산에 죄가 들어오자마자 하나님의 진노가 인류에 부어졌다고 생각합니다. 하나님은 거룩하시지만 인간은 거룩하지 않기 때문에 하나님께서 사람들을 자신으로부터 분리시키시기 위해 아담과 하와를 그분의 임재에서 내쫓았다고 생각하는 것입니다. '그분의 거룩함이 죄 있는 육신을 참을 수 없었기 때문이죠.' 하지만 아담부터 모세까지는 하나님께서 인간들을 진노와 심판이 아닌 사랑과 긍휼, 용서로 대하신 기간이었습니다.
　물론 하나님은 거룩하시고 인간이 죄를 범한 것은 맞지만 하나님의 크신 사랑으로 인해 그분의 임재로부터 사람들을 바로 내쫓지 않으셨습니다. 하나님은 사람들을 긍휼로 대하셨고 율법이 주어지기까지 사람들의 죄를 그들에게 담당시키지 않으셨습니다.

죄는 아담과 하와가 에덴동산에서 뱀의 꾐에 넘어갔을 때 세상에 들어왔습니다. 이 일을 하나님께서 어떻게 다루셨는지 자세히 살펴봅시다.

> 주 하나님이 말씀하셨다. "보아라, 이 사람이 우리 가운데 하나처럼, 선과 악을 알게 되었다. 이제 그가 손을 내밀어서, 생명나무의 열매까지 따서 먹고, 끝없이 살게 하여서는 안 된다." 그래서 주 하나님은 그를 에덴 동산에서 내쫓으시고, 그가 흙에서 나왔으므로, 흙을 갈게 하셨다.
>
> 창세기 3:22-23, 새번역

23절은 "그래서"로 시작합니다. 문장에 "그래서"가 나오면 항상 그것의 이유가 되는 부분을 봐야 합니다. 앞서 언급된 부분에 대해 설명하겠다는 뜻이기 때문입니다. 23절은 아담과 하와가 왜 에덴동산에서 내쫓겼는지 22절을 근거로 설명하고 있습니다. 만약에 하나님께서 그들을 내쫓지 않으셨다면 어떤 일이 일어났을까요? 하나님께서 그들로 하여금 생명나무를 먹지 못하게 하신 이유는 인류가 죄로 타락한 상태로 영원히 사는 것을 원치 않으셨기 때문입니다. 하나님이 그들을 참을 수 없어서 내쫓으신 것이 아닙니다.

아담과 하와가 하나님께 죄를 지었지만 하나님께서는 그들을 그분의 임재 밖으로 쫓아내지 않으셨습니다. 하나님의 임재는 **그들과 함께 갔고** 에덴동산 밖에서도 그들의 자손들과 함께했습니다. 아담과 하와가 죄를 짓고 에덴동산을 떠난 후에도 하나님께서 서늘할 때에 그들과 함께 걷고 말씀하신 것에 대해 설명해 드리겠습니다. 사람들의 생각과는 정반대로 거룩하신 하나님께서 죄를 지은 사람들과 여전히 교제하시며 그들과 함께하셨습니다.

하나님께서 아담과 하와를 에덴동산에서 내쫓으신 이유는 그들을 너무나도 사랑하셔서 그들이 생명나무를 먹고 죄로 인해 부패한 육신 가운데에서 영원히 사는 것을 원치 않으셨기 때문입니다. 죄는 사탄으로 하여금 인간에게 질병을 주고 온갖 종류의 저주를 퍼부을 기회를 주었습니다. 생각해 보십시오, 암에 걸려서 암세포가 온몸에 퍼졌는데도 생명나무 열매를 먹었기 때문에 죽지도 못하는 상황을. 몸이 다 상하는 질병에 걸렸는데도 죽지 못해서 영원히 그 상태로 살아야 하는 상황을 생각해 보십시오. 생명나무 열매를 먹지 못하도록 그들을 에덴동산 밖으로 내쫓으신 것은 하나님의 긍휼이었습니다.

하나님을 아는 사람, 그리고 그분께서 공급하신 것들을 받아들인 사람에게는 영광스럽게 변화된 몸이 기다리고 있지만 지금 이 육신의 몸은 이 세상의 제한을 받을 수밖에 없습니다. 하나님께서 아담과 하와를 에덴동산에서 내쫓으신 이유는 그들이, 또 우리가 죄로 인해 제한받고 있는 타락한 몸으로 영원히 사는 것을 원치 않으셨기 때문입니다.

창세기 4장을 보면 하나님께서 타락 이후에도 여전히 에덴동산 밖에서 사람과 교제하시는 것을 볼 수 있습니다. 그것을 알 수 있는 근거는 하나님께서 가인과 아벨하고 대화를 하셨기 때문입니다. 가인과 아벨은 하나님께 제물을 가지고 나와야 한다는 사실을 어떻게 알았을까요? 하나님께 피의 제사와 첫 열매의 제사를 드려야 한다는 것을 어떻게 알았을까요?

아담과 하와가 에덴동산에 있었을 때는 피의 제사에 대해서 듣지 못했습니다. 그때는 사해야 할 죄가 없었기 때문입니다. 성경이 이것을 분명하게 말하진 않지만 하나님은 여전히 아담과 하와, 그리고 가인과 아벨에게 말씀하셨다는 것을 알 수 있습니다. 그들이 제사에 대해 알고 하나님께 어떻게 나아갈지 알았다는 것을 볼 때, 하나님께서 그들과 대화하시고 교류하셨다는 것을 알 수 있습니다.

창세기 4장 5절을 보면 가인과 아벨이 제사를 드렸을 때 하나님께서 가인의 제물은 받지 않으셨다고 합니다. 하나님께서 가인의 제물을 받지 않으셨다는 것을 그들은 또 어떻게 알았을까요?

예를 들어 나랑 내 동생이 하나님께 예배를 드리러 갔는데 하나님께서 누구의 예배는 받으시고 누구의 예배는 받지 않으셨다는 것을 어떻게 알 수 있습니까? 거듭난 그리스도인이라면 하나님께서 내적 증거를 주실 것입니다. 하지만 가인과 아벨은 거듭난 사람들이 아니었기 때문에 하나님께서 그들 안에 내주하지 않으셨습니다. 그렇다면 하나님께서 그들에게 직접 말씀하셨다는 것이 분명해집니다. 그들도 하나님께서 그들과 함께 걷고 대화하시고 교제하셨다는 것을 알고 있었습니다. 그 증거가 여기 있습니다. "여호와께서 가인에게 이르시되"(창 4:6)

여기 보니 에덴동산에서 아담과 하와에게 말씀하신 것처럼 하나님께서 가인에게도 귀에 들리는 음성으로 말씀하고 계심을 볼 수 있습니다.

여호와께서 가인에게 이르시되 네가 분하여 함은 어찌 됨이며 안색이 변함은 어찌 됨이냐 네가 선을 행하면 어찌 낯을 들지 못하겠느냐 선을 행하지 아니하면 죄가 문에 엎드려 있느니라 죄가 너를 원하나 너는 죄를 다스릴지니라

창세기 4:6-7

하나님께서는 가인과 아벨에게 얼굴과 얼굴을 맞대고 말씀하셨습니다. 사람들은 거룩하신 하나님께서 죄로 타락한 인간들과 교제하고 싶지 않으셨기 때문에 사람들에게서 자신을 분리시킨 것으로 생각한다고 앞서 말씀드렸습니다. 대부분의 사람들이 그렇게 생각하고 있지만 그 생각은 성경적으로 증명할 수도 없고 하나님 말씀이 가르치는 바도 아닙니다.

하나님께서 아벨의 제사만 받아주신 것을 본 가인은 시기심으로 인해 분노하여 아벨을 죽입니다. 성경은 하나님께서 이것에 대해 가인에게 말씀하시는 장면을 보여줍니다.

여호와께서 가인에게 이르시되 네 아우 아벨이 어디 있느냐 그가 이르되 내가 알지 못하나이다 내가 내 아우를 지키는 자니이까

창세기 4:9

자, 한번 생각해 보십시오. 아직도 아벨의 피가 손에 묻어 있는데 인류 역사상 첫 번째 살인자 가인에게 귀에 들리는 하나님의 음성이 말씀하십니다. "네 동생 아벨은 어디 있느냐?"

내가 직접 누군가를 죽였다고 가정해 봅시다. 그 사람을 죽인 칼이 아직도 손에 들려 있는데 하나님의 음성이 귀에 들린다면 어쩌시겠습니까? 아마도 심장마비로 바로 죽겠지요! 그 상황에서 뻔뻔하게 "내가 그걸 어떻게 압니까! 내가 동생이나 지키는 사람입니까?"라고 말할 사람이 몇이나 될까요?

그런데 가인은 어떻게 그럴 수 있었을까요? 그 이유는 하나님과의 대화가 익숙했기 때문입니다. 하나님과 매일 대화를 했던 것입니다. 특별할 게 없었던 것이지요. 이것은 귀에 들리는 하나님의 음성이 가인에게 아주 익숙했다는 것을 보여줍니다. 죄가 인류에게 들어와서 그들이 에덴동산에서 내쫓긴 이후이지만 하나님은 여전히 그들과 함께 걸으며 대화하신 것입니다. 그들의 죄 값을 그들에게 담당시키지 않으신 것입니다. 하나님은 구약의 율법이 죄를 다루듯 그들을 다루지 않으셨습니다. 하나님은 사랑과 긍휼, 용서로 행하셨습니다.

그렇지만 아벨을 죽인 가인의 행동을 용납하지는 않으셨고 그 결과 어떤 일이 일어날지 알려주셨습니다.

땅이 그 입을 벌려 네 손에서부터 네 아우의 피를 받았은즉 네가 땅에서 저주를 받으리니 네가 밭을 갈아도 땅이 다시는 그 효력을 네게 주지 아니할 것이요 너는 땅에서 피하며 유리하는 자가 되리라   창세기 4:11-12

그러자 가인이 두려워 이렇게 말합니다. "하나님, 그렇다면 저는 여기저기 떠도는 방랑자가 될 겁니다. 그리고 나를 만나는 사람들은 나를 죽이려고 하겠지요(창 4:14)." 이것에 대해 하나님께서 어떻게 반응하셨는지 아십니까? 이 땅의 첫 번째 살인자에게 심판 대신 표를 주셔서 그를 보호하셨습니다.

여호와께서 그에게 이르시되 그렇지 아니하다 가인을 죽이는 자는 벌을 칠 배나 받으리라 하시고 가인에게 표를 주사 그를 만나는 모든 사람에게서 죽임을 면하게 하시니라
                                            창세기 4:15

종교적인 생각과 얼마나 다릅니까? 살인을 용납하진 않으셨지만 첫 번째 살인자를 보호하신 것입니다! 이것과 반대로 구약의 율법 아래에서는 안식일에 나무를 주웠다는 이유로 그 사람을 돌로 쳐 죽이라고 명령하셨습니다(민 15:35). 살인자 가인은

보호하시고 안식일에 나무를 주운 사람은 돌로 쳐 죽이라고 명령하신 것입니다!

하나님 말씀이 서로 불일치하는 것처럼 보이지 않습니까? 안식일에 나무를 주웠던 사람은 뭔가 억울한 대우를 받은 듯 보입니다! 그 이유는 율법이 오기 전까지 하나님께서 인간의 죄를 그들에게 담당시키지 않으셨기 때문입니다. 인간과 교제하실 때 죄를 간과해 주신 것입니다.

죄의 영향(작용)

창세기 3장은 죄가 세상에 들어온 과정을 말해줍니다. 그 이야기는 다들 잘 알고 계실 것입니다. 하나님께서 아담과 하와를 창조하시고 서늘한 저녁에 그들과 교제하셨습니다. 그런데 사탄이 하와를 속여 죄를 짓게 하였고 아담은 알고도 하나님께 죄를 지었습니다. 그리고 자신들이 벗었음을 알게 되자 그들은 하나님으로부터 숨었습니다.

이에 그들의 눈이 밝아져 자기들이 벗은 줄을 알고 무화과나무 잎을 엮어 치마로 삼았더라 그들이 그 날 바람이 불 때 동산에

> 거니시는 여호와 하나님의 소리를 듣고 아담과 그의 아내가
> 여호와 하나님의 낯을 피하여 동산 나무 사이에 숨은지라
>
> 창세기 3:7-8

그들은 왜 숨었을까요? 또 우리는 왜 숨을까요? 여러 가지 이유가 있겠지만 하나님의 응징이 두려웠던 것입니다. 자신들이 한 일에 수치를 느꼈고 그래서 숨은 것입니다.

성경은 아담과 하와가 선악과를 따먹자마자 죄의 깊이를 전부 다 알게 되었다고 말하지 않습니다. 저의 개인적인 생각이지만 죄의 깊이를 다 알기까지 인류에게는 수천 년이 걸렸을 것입니다. 즉각적으로 죄에 대한 모든 지식을 갖게 되지는 않았을 것입니다.

아담과 하와는 죄를 지은 이후에도 우리의 기준으로 볼 때 놀랄 만큼 순수했었을 거라고 생각합니다. 그들이 타락에 대해 알았다는 증거는 없습니다. 예를 들어 아담과 하와는 이혼이라는 것이 있는지도 몰랐을 것입니다. 이 세상에 이혼을 요구할 자격을 가진 사람이 있었다면 그것은 아담이었을 텐데 그는 타락 이후에도 930년을 하와랑 함께 살았습니다. 아마도 그 외에 다른 어떤 선택사항이 있다는 것을 그는 몰랐을 것입니다. 이혼이란 것이 있다는 것을 아예 몰랐던 것이지요.

이렇듯 하나님께서 인류에게 그들의 죄를 담당시키지 않으셨고 사람들이 죄에 대해 깨닫기까지 오랜 시간이 걸렸음에도 불구하고 죄는 인류에게 파괴적인 영향력을 끼쳤습니다. 죄는 하나님께 대항하여 저지르는 것이기도 하지만 사탄에게 문을 열어주는 것이기도 합니다. 죄는 이렇게 **수직적으로 또 수평적으로** 영향을 미치는 결과를 가져옵니다.

수직적인 결과는 하나님께 대한 범죄입니다. 그러나 율법이 오기 전에는 하나님께서 사람들에게 그들의 죄를 담당시키지 않으셨고 죄는 사람들과 하나님과의 관계에 영향을 미치지 않았습니다.

죄의 수평적 결과는 사탄이 우리 삶에 들어오는 문을 열어주는 것입니다. 율법이 오기 전에는 하나님께서 죄에 대하여 완전한 심판을 하지 않으셨다 하더라도 죄는 여전히 인류를 파괴하고 있었던 것입니다.

> 너희 자신을 종으로 내주어 누구에게 순종하든지 그 순종함을 받는 자의 종이 되는 줄을 너희가 알지 못하느냐 혹은 죄의 종으로 사망에 이르고 혹은 순종의 종으로 의에 이르느니라
>
> 로마서 6:16

하나님의 말씀은 죄를 지을 때마다 사탄에게 내 삶에 직통으로 들어올 수 있는 문을 열어주는 것이라고 합니다. 하나님은 죄에 대해 심판하지 않으셨지만 죄는 여전히 사탄에게 문을 열어주어 인류를 육체적으로, 감정적으로, 정신적으로, 영적으로 파괴했습니다.

1. 짧아진 수명

아담의 시대 사람들은 969년까지도 살았습니다. 2,000년 후 노아시대 때 하나님은 창세기 6장 3절에서 이렇게 말씀하셨습니다. "여호와께서 이르시되 나의 영이 영원히 사람과 함께하지 아니하리니 이는 그들이 육신이 됨이라 그러나 그들의 날은 백이십 년이 되리라 하시니라" 그런데도 노아가 600년을 살았다는 것을 볼 때, 하나님께서 인간의 수명을 제한하고 계신 것이 아니라는 사실을 알 수 있습니다. 이 사건 이후에 태어난 아브라함도 175년을 살았습니다. 120년을 살았던 모세는 성령님의 영감을 받아 이렇게 썼습니다.

> 우리의 연수가 칠십이요 강건하면 팔십이라도 그 연수의 자랑은 수고와 슬픔뿐이요 신속히 가니 우리가 날아가나이다
>
> 시편 90:10

이것을 볼 때 죄가 인간의 수명을 짧아지게 한 것이 분명합니다.

처음에는 사람들이 어떻게 969년까지 살 수 있었을까요? 사탄이 사람들로 하여금 '사람은 원래 죽는 것'이라고 생각하도록 설득하기까지 오랜 시간이 걸렸을 것이라고 저는 생각합니다. 그들은 어떻게 죽는지 몰랐던 것입니다. 누가 죽는 것을 봤어야 말이지요. 서른이나 마흔이 되면 노화가 시작된다는 것과 65세가 되면 퇴직해야 한다는 것을 그들은 몰랐던 것입니다! 매년 독감 시즌이 돌아온다는 것도, 구제역, 사스, 암, 심장병 같은 것이 있다는 것도 그들은 몰랐습니다. 통증을 느꼈을 때는 그것이 무엇인지도 몰랐을 것입니다. 그럴 때도 그냥 계속 살아갔을 것입니다. 아픔과 질병에 승복하는 법을 몰랐던 것입니다. 타락에 관한 이 모든 지식을 인류에게 심어주기까지 사탄은 오랜 세월 일해야 했습니다. 그들이 선악과를 따먹었을 때 알게 된 것은 오직 그들이 벗었다는 것, 그것 하나라고 성경은 말합니다.

2. 벌거벗음

아담과 하와가 선악과를 먹고 나서 어디다가 옷을 잃어버린 것입니까? 물론 아닙니다! 그들은 선악과를 먹기 전이나 후나 똑같이 벗은 상태였습니다. 어떤 분들은 이렇게 질문할지도 모릅니다. "잠깐만요, 그들은 의의 옷을 입고 있었던 것이 아닙니까?" 글쎄요, 저는 그것이 그렇게 좋은 비유는 아니라고 생각됩니다. 왜냐하면 성경은 그들이 의의 옷이든 뭐든 아무것도 입고 있지 않았다고 했으니까요.

창세기 2장 25절은 이렇게 말합니다. "아담과 그의 아내 두 사람이 벌거벗었으나 부끄러워하지 아니하니라" 그들은 죄를 짓기 전이나 후나 실오라기 하나 걸치지 않은 상태였습니다. 죄를 짓기 전에도 이미 벌거벗었는데 죄를 지었다고 해서 더 벌거벗을 수가 있겠습니까? 그렇다면 무엇이 변한 것일까요? 변한 것은 바로 자신들이 벗었음에 대한 인식입니다. 갑자기 벗었다는 것을 **알게 된 것**이지요. 전에는 그것에 대해 생각도 하지 않았습니다. 자신들의 벗었음에 대해 의식하지 못했던 것입니다.

인간은 하나님만을 의식하도록 창조되었었기에 자기 자신에 대해서 인식하지 못했던 것입니다. 자기중심적인 사고방식이라는 것은 존재하지도 않았습니다. 그들은 완전히 하나님 중심이었습니다. 자기중심이 아니었습니다. 하나님께서 우리 인간을 그렇게 창조하셨던 것입니다. 그들은 하나님만 의식하도록 창조되었기 때문에 자신들이 옷을 입었는지 벗었는지 의식하지 못했던 것입니다. 우리 중에 어떤 누구도 그렇게까지 하나님만

의식해 본 적은 없을 것입니다. 안 그렇습니까? 하지만 아담과 하와는 그렇게 창조되었었습니다.

> 여호와 하나님이 아담을 부르시며 그에게 이르시되 네가 어디 있느냐 이르되 내가 동산에서 하나님의 소리를 듣고 내가 벗었으므로 두려워하여 숨었나이다 이르시되 누가 너의 벗었음을 네게 알렸느냐 내가 네게 먹지 말라 명한 그 나무 열매를 네가 먹었느냐   창세기 3:9-11

아담이 "제가 벗었기 때문에 두렵습니다."라고 했을 때 하나님께서 "정말? 네가 벗었단 말이야?"라고 하시지는 않았을 것입니다. 그들이 벌거벗은 것을 하나님께서 그때 처음 발견한 것이 아니지 않습니까! 하나님은 그들이 벗었음을 이미 아셨습니다. 하나님께서 그들을 그렇게 창조하셨으니까요. 하나님은 그들이 죄짓기 전까지 자신들이 벗은 것을 인식하지 못했다는 것도 아셨습니다.

자, 벗은 것이 도대체 뭐 어떻다는 것인지 궁금한 분들도 계실 겁니다. '벗었다고 굳이 숨을 필요까지 있었을까'라고 생각할 수도 있습니다. 하지만 말씀에 의하면 그들이 하나님으로부터 숨었던 유일한 이유가 바로 그것이라고 합니다.

뭐가 그리도 문제였을까요?

제 생각에 그것이 그렇게 중요했던 이유는 하나님께서는 벗지 않으셨기 때문이라고 여겨집니다. 하나님은 옷을 입고 계셨습니다. 하나님의 말씀에는 그 어떤 천사도 벗었다는 말이 없다는 것을 아십니까? 천사들은 항상 옷을 입고 있습니다! 하나님도 옷을 입고 계십니다. 우리도 천국에서 영원히 옷을 입고 있을 것입니다(계 19:8)! 그때는 흰 세마포로 만든 것과 같은 진짜 의의 옷을 입을 것이며 그 옷은 빛을 발할 것입니다. 천국에서는 아무도 벗고 돌아다니지 않습니다.

3. 거절에 대한 두려움

이제 아담과 하와는 자신들의 자아를 완전히 의식하게 되었습니다. 그 결과 악에게 노출되었고 곧바로 거절에 대한 두려움이 들어왔다고 생각합니다. 그들은 옷을 입고 있는 하나님과 천사들에게 익숙했었기 때문에 선악과를 먹었을 때 자신들이 벌거벗었음을 인식하게 된 것입니다. 자신이 다른 사람들과 다르다는 것을 인식했을 때 인간들의 육적이고 자연스런 반응은 거절에 대한 두려움입니다.

다르다고 거절하는 것이 모든 극단적인 선입견의 뿌리입니다. 저의 의견에는 믿는 자가 극단적인 선입견을 갖는다는 것은 무지한 것이라고 봅니다. 그리스도인들이 머리를 조금만 굴린다면 천국에서는 모두와 잘 지내야 한다는 것 정도는 알 수 있지 않을까요? 사람들이 피부색으로 계급을 나눈다는 것은 아무리 생각해도 멍청한 짓입니다.

그럼에도 불구하고 때때로 우리 모두는 내가 조금 다르다는 것으로 인해 두려움을 느낍니다. 예전에 제가 흑인들만 모이는 교회에 초대받은 적이 있었습니다. 그곳에 백인은 저뿐이었습니다. 그분들이 저를 사랑한다는 사실을 알고 있었음에도 불구하고 '저들이 나를 어떻게 대할까' 하는 생각이 떠나질 않았습니다. 인간은 자기만 혼자 다르다는 것을 알 때 조금 망설이게 되기 마련입니다.

그래서 이 사회에 또래집단 문화가 그렇게도 깊이 자리 잡은 것입니다. 왜 다들 똑같아지려고 하는 것일까요? 소속감을 느끼고 받아들여지기 원해서입니다! 하나님께서 우리를 만드실 때, 있는 그대로 받아들여지고 사랑받도록 만드셨기 때문입니다. 거절 받으라고 만들지는 않으셨으니까요. 어떤 누구도 거절 받는 것을 좋아하지 않습니다. 거절당하는 것은 상처가 되기 때문에 사람들은 거절 받는 것을 싫어합니다.

하나님은 우리의 감정이 거절 받아도 괜찮도록 만들지 않으셨습니다. 그래서 거절 받는 것을 당연히 여겨선 안 되겠지만 거절이 나를 정복할 수 없는 상태에 이르러야 합니다. 그것을 하나님께 맡겨드리는 법을 배우면 됩니다. 그런데 단지 소속감을 느끼기 위해 깡패집단에 가입한다든지 살인을 한다든지 여러 가지 악한 일을 하는 사람들도 있습니다.

내가 다른 사람들과 다르다는 것을 인식하면 '내가 저 사람들과 같지 않아서 거절 받을 수 있겠구나' 하는 두려움이 생깁니다. 그래서 주변 사람들을 만족시키고자 평균 또는 정상이라고 생각되는 사람이 되려 합니다.

아담과 하와가 죄를 지은 순간, 자신들이 하나님과 같지 않다는 것을 알게 되었고 그 결과 거절의 두려움을 느끼게 되었습니다. 자신들에게 진노와 응징이 올 거라 생각한 것입니다. 이것은 저의 생각이지만 하나님께서 직접 창조하신 피조물이 하나님을 너무나도 두려워한 나머지 그분에게서 숨기 위해 도망갔다는 사실은 하나님의 마음을 깨어지게 했을 것입니다. 이것이 바로 죄에 대한 지식이 하는 일입니다.

4. 영원히 빚짐

죄에 대한 지식은 사람들에게 죄책감을 느끼게 하며 죄책감을 느낄 때 그 죄로 인해 빚진 그 대상을 피하게 됩니다. 예를 하나 들어보겠습니다. 제가 어떤 분께 빚을 진 적이 있었습니다.

여자분이었는데 아내와 제가 살던 집 주인이었고 은행 부사장이었습니다. 당시 우리는 월세를 내지 못하고 있었습니다.

저는 그분께 우리가 월세를 내지 못한 것을 잘 알고 있다고 했습니다. "죄송합니다. 꼭 갚겠습니다." 그분은 정말 친절하게 대해 주셨고 "걱정 마세요. 당신을 믿습니다. 꼭 갚을 거란 것을 저도 압니다."라고 했습니다. 그분은 저에게 너무나도 잘해 주셨지만 그래도 저는 마음이 좋지 않았습니다.

하루는 길을 걸어가고 있는데 그분이 저쪽에서 오고 있었습니다. 그분을 보자마자 저는 옆에 있는 가게로 숨어버렸습니다. 주머니엔 동전 하나 없었는데도 말입니다. 가게 안에 있는 공중전화조차 사용할 돈이 없었으면서 뭔가 사는 척했던 이유는 그분과 마주치는 게 싫었기 때문입니다. 그분은 저에게 오직 사랑과 긍휼로 대해 주셨지만 저는 그분께 빚을 졌다는 것을 알았기 때문에 마주치고 싶지 않았습니다. 그 상황 자체가 저에게는 너무 힘들었고 직면하고 싶지 않았던 것입니다.

솔직한 사람들은 아마 다 저와 같았을 거라고 인정할 것입니다. 우리는 내 삶의 부정적인 면을 계속해서 지적하는 사람 곁에 가려고 하지 않습니다. 죄를 지은 사람에게 하나님을 언급만 해도(우리가 모든 것을 빚진 그분 말입니다) 아마 숨을 곳을 찾아 도망가 버릴 것입니다.

죄에 대한 지식, 즉 선과 악에 대한 지식은 하나님께로 달려가게 하지 않습니다. 오히려 하나님으로부터 도망가게 합니다. 아담과 하와가 죄를 지었을 때도 하나님께 달려가서 하나님 안에 숨었어야 했는데 안타깝게도 그들은 하나님으로부터 도망가서 숨었습니다. 우리도 그렇습니다. 죄를 짓고 스스로를 부정하다고 느낄 때 하나님으로부터 도망가서 멀어지려 합니다.

5. 미혹

죄가 하는 또 다른 작용은 사람들의 눈을 멀게 하여 속이는 것입니다. 성경은 우리 마음이 죄의 속임수로 인해 완고해진다고 합니다(히 3:13, 킹제임스 흠정역). 구약의 사람들도 하나님을 향해 마음이 완고(강퍅)해졌습니다. 하나님으로부터 너무나도 멀어져서 온갖 죄를 정당화했습니다.

고린도후서 10장 12절에서는 서로서로를 비교하는 것이 지혜롭지 못하다고 합니다. 주변 사람들과 비교하여 나를 판단하는 것은 지혜가 아니라고 가르쳐주는 구절입니다. 이런 말들을 들어보셨을 것입니다. "저 위선자가 교회 다닌다는 이유만으로 천국 간다면 나도 가겠네!" 하지만 이 구절은 그러한 비교 방법이 판단의 기준으로 바람직하지 않다고 합니다. 만약 그 위선자가 천국에 못 간다면 어떻게 되는 겁니까?

사람들은 자기 죄를 정당화하기 위해 자기보다 더 심한 죄를 지은 것 같은 사람과 자기를 비교합니다. 교회에서 가장 죄 많아 보이는 사람을 보면서 "저런 사람이 교회 다닌다고 천국 간다면 나도 가겠지."라고 생각하는 것입니다. 그런 것은 형편없는 비교 방법입니다. 우리는 교회 다니는 위선자들을 기준으로 평가받는 것이 아닙니다. 우리는 예수님과 비교를 당할 것입니다(롬 3:3)! 그래서 모든 사람들에게 구세주가 필요한 것입니다. 그런데도 불구하고 자기 죄를 변명하기 위해 다른 사람과 비교하는 것이 인간의 본성입니다.

과거 동성애는 전 세계적으로 어느 누구에게도 받아들여지지 않았습니다. 그런데 지금은 사람들에게 존경받아야 할 정치인들까지 공개적으로 동성애를 지지하고 있습니다. 이러한 현상은 많은 사람들의 의견을 바꿔 놓았습니다. 그 이유는 서로가 서로를 빗대어 비교하기 때문입니다. "이 사람도 그렇다고 하고, 저 사람도 그렇다고 하면 그게 그리 나쁜 것은 아닌가 보네." 그런데 문제는 우리가 비교할 기준은 그 정치인이 아니라는 사실입니다. 누군가가 지지한다고 해서 하나님께서 정죄하신 것을 지지하는 것은 엄청난 실수입니다. 그 사람이 아무리 부자라고 해도, 아무리 권세가 있다고 해도 또는 아무리 높은 지위에 있다고 해도 그런 것은 상관없습니다.

그런데 우리는 왜 죄를 지어도 상관없다고 자신을 속이는 걸까요? 가인의 경우를 한번 살펴봅시다. 가인이 살인을 했을 때 하나님은 그에게 진노를 내리지 않으셨고 오히려 그를 보호하셨습니다. 그가 저지른 일이 괜찮아서가 아니라 하나님의 선하심 때문이었습니다. 로마서 2장 4절은 **우리를 회개로 이끄는 것은 하나님의 선하심**이라고 합니다. 사람들은 심판을 받아 마땅했지만 하나님께서는 그분의 사랑과 긍휼을 보여주셔서 인류를 하나님께로 이끌고자 하신 것입니다.

그런데 하나님께서 가인을 심판하지 않고 보호해 주신 것을 사람들이 잘못 해석하기 시작했습니다. 성경에 나온 두 번째 살인자는 가인의 후손 라멕인데 그가 사람을 죽이고 했던 말을 들어보십시오. "가인을 위하여는 벌이 칠 배일진대 라멕을 위하여는 벌이 칠십칠 배이리로다 하였더라"(창 4:24). 다른 말로 하면 이렇습니다. "하나님께서 가인을 그렇게 보호하셨다면 나는 더 보호하실 거야." 이것은 하나님이 하신 말씀이 아니라 라멕이 한 말입니다! 라멕이 한 말은 "가인이 살인죄를 넘어갈 수 있었다면 나도 넘어갈 수 있다. 가인보다 나는 더 정당하다."라는 말입니다.

하나님의 인내와 선하심을 왜곡하여 죄를 승인하고 변명해 주신 것으로 해석한 것입니다. 그러면서 이렇게 말하기 시작합니다. "아, 죄가 그렇게 나쁜 것은 아닌가 보네." 이러한 결과는 하나님께서 뜻하신 바가 절대 아닙니다! 이렇듯 죄에게 미혹을 당한 사람들은 엄청나게 어리석은 생각과 행동을 하게 됩니다.

하나님은 왜 율법을 천천히 주셨나

창세기 6장 6절을 보면 당시 이 땅에 죄가 얼마나 심각하게 관영했는지 알 수 있습니다.

땅 위에 사람 지으셨음을 한탄하사 마음에 근심하시고

하나님은 오래 참으시는 분인데 그런 하나님께서 사람을 만드신 것까지 한탄하실 정도면 사람들이 하나님께 지은 죄가 얼마나 엄청났었는지 알 수 있습니다. 마태복음 24장 37절에서 예수님은 이렇게 말씀하십니다.

노아의 때와 같이 인자의 임함도 그러하리라

즉 예수님께서 재림하실 때가 되면 인류는 노아의 시대에

짓던 죄를 그대로 지을 것이라는 뜻입니다. 우리는 아직 노아의 시대에 있었던 수준의 죄를 목도하지는 못했습니다.

창세 후 2,000년도 되지 않았는데 (아담으로부터 노아까지) 세상은 너무나 타락하여 그 뒤로 그렇게 타락한 적이 없을 정도입니다. 오늘날도 몹시 타락했지만 우리는 아직 노아가 목도한 죄의 지경을 경험하지 못했습니다.

당시의 고대 예술품과 조각상에 대한 책들을 제가 직접 공부해 보았는데 우리가 아직 노아가 목도했던 죄악에 이르지 않았다는 것을 증명해 줄 고고학적 증거들이 많았습니다. 창조 때부터 노아까지 2,000년도 안 되는 기간 동안 쌓인 죄는 그로부터 4,000년 동안(노아의 홍수부터 오늘날까지) 쌓인 죄와 비길 수 없을 정도로 심각했었습니다.

그 이유는 노아의 홍수 이후 4,000년 기간에 죄가 저항을 받았기 때문입니다. 마침내 하나님께서 이 땅에 죄의 관영을 막기 위해 모세를 통해 구약의 율법을 주신 것입니다. 무엇이 옳고 그른지 단호하게 명시하여 인류에게 그분의 완전한 기준을 보여주신 것입니다. 그것을 통해 "여기 너희 죄가 용납될 수 없는 증거가 있다."고 말씀하신 것입니다.

그러나 하나님은 인류에게 율법을 주는 것을 원치 않으셨습니다. 만일 하나님께서 율법을 통해 죄를 다스리기 원하셨고 그것이 그분의 계획이자 본성이었다면 왜 아담과 하와가 죄를 지었을 때 바로 그들에게 율법을 주지 않으셨겠습니까? 하나님은 얼굴과 얼굴을 맞대고 그들과 소통하셨으니 그때 율법을 주실 수도 있었습니다. 그런데 하나님은 왜 모세를 통해 율법을 주시기까지 2500년이나 기다리셨을까요? 그것에 대한 가장 큰 이유는 인류를 회개로 이끄는 것은 하나님의 선하심이기 때문입니다. 사람들이 하나님의 진노가 무서워서 구원을 추구하는 것은 하나님께서 원하시는 것이 아니었습니다. 하나님의 선하심과 긍휼 때문에 구원으로 나아오길 원하셨습니다. 그리고 하나님께서 아담과 하와에게 율법을 주지 않으신 데는 또 다른 이유가 있습니다.

하나님은 아담과 하와가 그들의 죄가 얼마나 끔찍하고 깊은지 알게 되길 원치 않으셨습니다. 자신들의 죄가 인류에게 어떤 영향을 미칠지 그들이 알았다면 어땠을까요? 자신들이 저지른 일 때문에 수십억 명의 사람들이 영원히 지옥에 있어야 한다는 것을 아담과 하와가 조금이라도 알았다면 어땠을까요? 그들의 죄로 인해 일어날 고통, 비극, 전쟁, 포악을 전부 다 분명하게 보았다면 어땠을까요? 아담과 하와는 그것을 견딜 수 없었을 것입니다. 저는 그들이 그것을 감당할 수 없었을 거라 생각합니다.

비록 아담과 하와가 죄를 지은 것은 맞지만 하나님은 그들이 그 죄의 깊이를 전부 알게 되기를 바라지 않으셨습니다. 그 죄를 그들에게 담당시키길 원치 않으셨기 때문에 그들에게 사랑과 긍휼을 베푸신 것입니다. 그들이 실제로 얼마나 흉악한 죄인인지 그리고 그들이 인류에게 무슨 짓을 했는지 정확하게 보여주는 하나님의 모든 율법을 그들에게 보여주지 않기로 하신 것입니다. 하나님은 그분의 진노를 그들에게 쏟아붓지 않으셨고 오히려 그들뿐만 아니라 그 후손들에게까지 사랑과 긍휼을 베푸신 것입니다.

만일 하나님께서 아담과 하와의 후손들에게 그들이 얼마나 타락한 존재인지 보여주셨다면 그들은 하나님을 더 피했을 것입니다. 하나님께서 죄를 어떻게 보시는지 그들이 알았다면 인류는 너무나도 절망했을 것이고 다시는 하나님께서 그들에게 긍휼과 용서를 베풀지 않으실 거라 믿었을 것입니다. 그랬다면 그들은 하나님께 도움을 기대할 수 없었을 것이며 그 결과 사탄에게 승복했을 것입니다.

하나님은 아담과 하와, 그리고 그들의 후손들에게 사랑과 긍휼, 용서를 보여주심으로써 그들을 다시 하나님께로 이끄셨고 그것을 통해 사람들은 오실 메시아를 통한 구원의 약속을 받아들일 수 있었으며 그 결과 구원받을 수 있게 된 것입니다.

심지어 가인이 살인을 했을 때에도 하나님은 그에게 진노하지 않으셨고 오히려 사랑과 용서를 베풀어 주셨습니다. 그러나 사람들은 하나님의 긍휼을 오해하기 시작했고 가인의 후손인 라멕은 하나님이 가인을 처벌하지 않으셨다는 이유로 자신의 죄를 정당화했습니다. 그는 이렇게 생각한 것입니다. '**가인도 그냥 지나간 걸 보니 하나님께도 죄가 괜찮은 게 틀림없어.**' 당시 사람들은 하나님께서 죄를 벌하지 않은 것을 죄를 승인한 것으로 보았고 결과적으로 거룩함의 기준을 낮추게 된 것입니다.

그리고 사람들은 점점 더 죄로 빠져들어 갔습니다. 점점 더 사탄에게 순복하였고 그 결과 사탄이 인류를 완전히 파괴하는 데까지 이르렀습니다. 상황이 그렇게 되자 하나님께서는 의로운 사람들을 보존하고 인류 전체의 파멸을 막기 위해 노아와 그의 가족을 제외한 모든 인류를 쓸어버리기로 결정하셨습니다.

창세기 6장을 보면 하나님께서 순간적인 진노의 표현으로 이 땅에 홍수를 보내십니다. 그러나 그 홍수마저도 사실은 하나님의 사랑이 나타난 것입니다. 죄가 너무나 관영했기 때문에 하나님께 반응하는 여덟 명만 이 땅에 남기신 것입니다. 하나님께서 그때 개입하지 않으셨다면 하나님께 신실했던 사람들은 이 땅에서 다 사라졌을 것이며 그렇게 되면 우리를 위한 속죄의 계획도 불가능했을 것입니다. 하나님은 그분의 사랑으로 인해 당시의 사람들과 그 이후의 사람들을 위한 속죄를 계획하신 것입니다.

속죄를 위한 하나님의 계획을 완성하실 예수님은 인간으로 오셔야 했기 때문에 부패하지 않은 혈통이 필요했습니다. 예수님께서 이 땅에 오시려면 하나님께 자리를 내어드리고 성령님께서 일하시도록 자신을 내어드리는 사람들이 필요했던 것입니다. 만약 하나님께서 홍수로 개입하지 않으셨다면 예수님을 잉태할 동정녀는 남아있지 않았을 것입니다. 이 땅에 그만큼 죄가 창궐했던 것입니다. 비록 홍수가 하나님의 심판이기는 했지만 그 이후의 인류에게는 하나님의 긍휼과 사랑의 발현이기도 했습니다.

아담 시대부터 노아 시대까지 죄를 다루실 때 하나님은 극도로 자제하셨습니다. 사람의 죄를 그들에게 돌리지 않으시고 사랑과 긍휼, 용서로 행하신 것입니다. 그것은 죄를 용납하셨기 때문일까요? 아닙니다. 사람들이 자신들의 추악함과 더러움을 아는 것을 하나님은 원치 않으셨습니다. 죄에 대한 지식은 사람들로 하여금 하나님에게서 멀어지게 하기 때문입니다.

그러나 홍수 이전에 죄가 너무나도 극심하게 번져나갔기 때문에 결국 홍수 이후에는 모세를 통해 율법을 주셨습니다. 다시 말씀드리지만 이것은 하나님이 원해서 하신 선택이 아니었으며 인류가 하나님께 남긴 유일한 선택지이었습니다.

03

율법의 목적

하나님의 선하심을 진정으로 아는 사람들은 넘어지는 즉시 하나님께로 달려갑니다. 그러나 우리들은 많은 경우 문제에 빠지거나 특별히 하나님적인 삶을 살지 않을 때면 하나님으로부터 달아납니다.

우리가 잘못하고 있다고 죄와 양심이 우리를 찌를 때, 제일 먼저 일어나는 일은 무엇일까요? 대부분 죄책감과 정죄감을 느끼고서 하나님을 피하게 됩니다. 자신이 하나님의 법을 어겼다는 것을 알기 때문입니다.

믿는 자로서 자신이 율법을 어겼다는 것을 알게 되면 사람들은 하나님과 대면하는 것을 원치 않습니다. 하나님께 가까이 가면 거절을 받거나 심한 벌을 받을까 봐 두려워하는 것입니다. 그 결과 성경을 멀리하거나 기도를 건너뜁니다. 또한 자신들의 죄를 들킬까 봐 교회나 하나님의 사람들을 회피하기도 합니다.

아마도 지금쯤 고개를 끄덕이는 분들이 계실 겁니다. 아는 사람 중에 죄를 짓고 교회를 떠난 경우가 있거나 아니면 자신이 당사자일 수도 있겠습니다. 죄를 짓고 나면 그것이 어떤 영향을 끼치는지 생각해 보지 않아도 마음속에서는 이미 하나님께 나아가는 것이 두려워집니다. 자신의 죄가 드러나는 것이 두렵고 그로 인해 하나님께 가치 없는 사람이 되어 거절 받을까 두려운 것입니다.

그리고 벌을 받을 것 같은 생각도 듭니다. 거듭난 우리들은 대부분 죄 몇 가지 때문에 하나님께서 우리를 지옥에 보내진 않으신다는 것 정도는 잘 압니다. 그러나 하나님께서 죄를 지은 우리와 계속해서 교제하시거나 우리를 계속 보호하시며 보살피지는 않으실 거라 생각합니다. 하나님의 마음을 풀어드리려면 진흙탕에서도 좀 뒹굴고 어느 정도 상당의 굴욕도 당해야 한다고 생각합니다. 바로 이런 태도가 우리를 하나님으로부터 멀어지게 합니다. 그런데 이런 태도는 과연 어디서 오는 것일까요?

정죄를 가져오고 죄를 강하게 하는 율법

구약은 하나님에 대해 정확하게 보여주지 못한다는 사실을 여러분과 나누었습니다. 하지만 거기에는 사실 더 복잡한 이유가 있습니다. 바로 옛 언약은 새 언약에 비해 열등한 언약이라는 사실입니다. 히브리서 전체에서 이 개념에 대해 다루고 있지만 요점을 잘 나타내주는 몇 가지 구절을 제시할까 합니다.

> 그러나 이제 그는 더 아름다운 직분을 얻으셨으니 그는 더 좋은 약속으로 세우신 더 좋은 언약의 중보자시라 저 첫 언약이 무흠하였더라면 둘째 것을 요구할 일이 없었으려니와
>
> 히브리서 8:6-7

> 새 언약이라 말씀하셨으매 첫 것은 낡아지게 하신 것이니 낡아지고 쇠하는 것은 없어져 가는 것이니라   히브리서 8:13

> 이와 같이 예수는 더 좋은 언약의 보증이 되셨느니라
>
> 히브리서 7:22

옛 언약은 아무것도 완벽하게 만들 수 없었습니다. 그래서 하나님은 더 좋은 것을 가져오셨으며 그것은 바로 예수님께서 흘리신 보혈로 인침을 받은 새 언약입니다. 새 언약은 옛 언약보다 하나님께 더 큰 영광을 가져왔습니다.

돌에 써서 새긴 죽게 하는 율법 조문의 직분도 영광이 있어 이스라엘 자손들은 모세의 얼굴의 없어질 영광 때문에도 그 얼굴을 주목하지 못하였거든 하물며 영의 직분은 더욱 영광이 있지 아니하겠느냐 정죄의 직분도 영광이 있은즉 의의 직분은 영광이 더욱 넘치리라 영광되었던 것이 더 큰 영광으로 말미암아 이에 영광될 것이 없으나 없어질 것도 영광으로 말미암았은즉 길이 있을 것은 더욱 영광 가운데 있느니라

고린도후서 3:7-11

위의 말씀에서도 구약은 사망과 정죄의 일을 한다고 합니다!

오 사망아, 너의 쏘는 것이 어디 있느냐? 오 무덤아, 너의 승리가 어디 있느냐? 사망의 쏘는 것은 죄요, 죄의 힘은 율법이니라.   고린도전서 15:55-56, 킹제임스 흠정역

게다가 위의 말씀은 구약이 죄에게 힘을 준다고 합니다! 여기서 우리가 알 수 있는 진리는 모세를 통해 구약의 율법이 오지 않았다면 죄는 우리를 파괴시킬 힘을 가질 수 없었을 것이라는 사실입니다. 이것이 여러분의 교리에 걸림이 될 수 있다는 것을 저도 압니다. 사실상 내면에 혼란을 줄 수도 있겠습니다. 그러나 우리는 구약의 율법과 신약의 은혜와 사랑 그리고 용서를 조화롭게 할 진리를 찾아야 합니다.

> 그런즉 우리가 무슨 말을 하리요 율법이 죄냐 그럴 수 없느니라 율법으로 말미암지 않고는 내가 죄를 알지 못하였으니 곧 율법이 탐내지 말라 하지 아니하였더라면 내가 탐심을 알지 못하였으리라 그러나 죄가 기회를 타서 계명으로 말미암아 내 속에서 온갖 탐심을 이루었나니 이는 율법이 없으면 죄가 죽은 것임이라 전에 율법을 깨닫지 못했을 때에는 내가 살았더니 계명이 이르매 죄는 살아나고 나는 죽었도다 생명에 이르게 할 그 계명이 내게 대하여 도리어 사망에 이르게 하는 것이 되었도다   로마서 7:7-10

우리의 삶 속에서도 죄가 **"죽었던"** 시기가 있었습니다. 그러다가 우리는 옳고 그름에 대한 지식을 갖게 되었고 율법을 알게 되었습니다. 죄는 그 이전에도 있었으나 우리를 다스리거나 통제하지는 못했습니다. 죄가 **"죽었던"** 상태였기 때문입니다.

일단 율법을 대면하고 하나님의 완전하심과 거룩한 기준을 보고 나면 우리는 자신이 얼마나 죄인인지를 깨닫게 됩니다. **탐심**이란 통제되지 않는 정욕 또는 욕망을 말하는데 사실, 구약의 율법은 통제되지 않는 정욕과 욕망을 오히려 이끌어냅니다. **"탐내지 말라"**(출 20:17)는 계명을 듣고 나면 우리는 자신을 탐욕스러운 존재로 보게 되어있습니다!

율법은 우리의 죄를 지적하여 살아나게 한 뒤 그것에 대해 우리를 정죄합니다.

> 우리가 알거니와 무릇 율법이 말하는 바는 율법 아래에 있는 자들에게 말하는 것이니 이는 모든 입을 막고 온 세상으로 하나님의 심판 아래에 있게 하려 함이라　　　로마서 3:19

죄책감을 느껴본 적이 있으시지요? 그 죄책감은 어디서 오는지 아십니까? 율법을 통해, 즉 구약이 하는 일을 통해 옵니다. 율법은 우리로 하여금 죄책감을 느끼게 합니다. 고린도후서 3장 9절과 로마서 3장 19절에 따르면 당신을 정죄하는 것은 바로 율법입니다.

그러나 성령님께서 죄를 깨닫게 해주시는 것과 정죄를 혼동해선 안 됩니다. 죄를 깨닫게 해주시는 성령님의 능력에 대해 하나님께 감사드립시다! 우리 안에 계신 성령께서 우리의 죄를 즉시 깨닫게 하셔서 어떤 것이 우리의 삶을 향한 하나님의 뜻이 아닌지 알려주시는 것입니다. 죄에 대한 깨달음은 우리를 **하나님께로 이끌고** 하나님의 길로 인도하지만 정죄는 우리를 **하나님으로부터 멀어지게 하고** 죄를 짓는 것 외에는 가망이 없다고 느끼게 합니다.

믿는 우리는 대부분 정죄가 사탄에게서 왔다는 것에 동의합니다. 그러나 정죄를 위해 사탄이 사용하는 가장 큰 도구가 구약의 율법이라는 것은 잘 모릅니다. 우리는 정죄감을 느낄 때 마귀를 꾸짖고 쫓으려고 하지만 그 정죄감은 때때로 종교를 통해 형성된 우리의 생각으로부터 오는 경우가 많습니다. 그렇기 때문에 구약의 말씀과 밀착된 생각을 깨끗하게 청소할 필요가 있습니다.

제가 10대 시절 반복적으로 꾸던 악몽이 있었는데 꿈속에서 저는 담배를 피웠고 그것 때문에 지옥에 떨어지는 꿈이었습니다! 이것은 율법이 우리를 어떻게 정죄하고, 죽이고, 지옥에 보내는지 보여주는 대표적인 예입니다.

> 그러므로 율법의 행위로 그의 앞에 의롭다 하심을 얻을 육체가 없나니 율법으로는 죄를 깨달음이니라　　로마서 3:20

성경이 말하는 율법의 목적은 죄를 깨닫게 하는 것이지 주 예수 그리스도를 통하여 나타난 예수님과 하나님, 그리고 용서에 대한 지식이나 교리를 알게 하는 것이 아닙니다. 율법은 우리 자신과 우리의 죄, 우리의 자격 없음에 관심을 집중하게 합니다.

제가 어렸을 때는 교회에서 죄 목록을 적는 훈련을 받았었습니다. 선생님들이 종이를 나눠주고는 지은 죄를 전부 적으라고 했습니다. 저는 받은 종이가 모자랐습니다! 제가 다른 아이들보다는 훨씬 더 나은 삶을 살았을 텐데 그런 저도 예수님께 집중하지 못하고 저의 죄에 집착했었던 것입니다.

교회 선생님들은 아이들이 자신의 죄를 깨달으면 자기에게 너무나 신물이 나서 하나님께로 돌이킬 거라고 생각한 것입니다. 그러나 결코 그런 일은 일어나지 않았습니다. 죄의 목록을 써 내려가자 나 자신에게 신물이 난 나머지 오직 나 자신만 생각하게 되었습니다. 내가 얼마나 부족한지 생각하느라 하나님을 생각할 겨를이 없었던 것입니다.

이것이 오늘날 대부분의 종교적인(하나님의 축복을 자신의 행함을 통해 얻어 내려는 것/역자 주) 사람들의 현실입니다. 종교적인 사람이라고 할 때, 그들이 자신을 높게 평가한다는 말이 아닙니다. 대부분의 그리스도인들은 마땅히 생각해야 할 것보다 자신을 더 낮게 생각합니다. 그들은 자신이 하나님께 합당한 삶을 살 수 없을 것이라고 생각하면서 완전히 자기를 중심적으로 생각하는 사고와 자기에게 지배된 사고를 가지고 있습니다.

제가 어렸을 때 저를 지도해 주셨던 영적 지도자들은 자기 자신에 대해 나쁘게 생각하면 할수록 하나님 앞에 더 많이 깨어지기 때문에 하나님께 쓰임 받을 가능성이 높아진다고 가르쳤습니다. 그러나 신약에서는 그렇게 가르치고 있지 않습니다.

> 이는 너의 믿음의 교제가 그리스도 예수 안에서 네 안에 있는 모든 선한 것을 인식함으로 인하여 효과가 있게 하려 함이라.
> 빌레몬서 1:6, 한글킹제임스

이 말씀을 보니 예수님께서 우리 안에 이미 이루신 일이 무엇인지를 인식하고 하나님의 사랑을 경험하며 하나님께서 우릴 위해 이루신 일에 감사할 때, 그것이 나를 효과적인 사람이 되게 한다고 합니다. 이것이 신약에서 말하는 방법입니다!

그러나 구약의 율법은 우리로 하여금 **자기**를 의식하게 합니다. 자기 자신과 자신의 죄에 집중하게 하는 것입니다. 그래서 우리는 항상 자신이 얼마나 죄인인가를 늘 생각해 왔었습니다. 정죄를 받았었습니다. 우리는 사망이 하는 일 아래 있었으며 그것이 영적으로, 감정적으로 완전히 우리를 휩쓸어 버렸습니다.

율법과 믿음

이렇게 생각하실 분들도 있을 것입니다. '구약이 무슨 상관이야? 나는 염소와 양을 잡아 제사를 드리지도 않고 구약 아래 있지도 않아.' 하지만 확실한 것은 그렇게 말하는 사람들도 그들의 신학과 사고, 그리고 태도에 있어서 옛 언약의 영향을 어느 정도 받고 있다는 것입니다. 양이나 염소를 제물로 드리지는 않겠지만 자기 죄와 죄책감을 속량하기 위해 자기희생의 제사와 자기학대의 제사를 드리고 있을 수 있습니다.

율법의 종교적인 태도는 우리가 진짜 해야 할 일, '하나님과의 친밀함 가운데 거하는 것'을 막습니다. 죄를 지으면 율법은 우리로 하여금 그 죄에 집중하게 합니다. 그리고 죄에 집중할 때 지성소로 들어가지 못하게 되어 우리로 하여금 하나님을 부르지 못하게 합니다. 그렇게 하는 것이 죄에서 자유할 수 있는 유일한 길인데 말입니다!

율법은 죄에 대한 하나님의 진노와 심판, 징벌을 보게 하여 하나님과의 친밀한 관계에서 우리를 멀어지게 합니다. 하나님과 친밀한 관계만이 죄에서 자유함을 받게 하는데 말입니다. 율법이 우리의 죄와 부족함, 죄책감을 드러낼 때 사람들은 일반적으로 **하나님께로** 달려가지 않고 **하나님으로부터** 도망쳐 달아나기 때문입니다.

창세기부터 말라기까지 구약의 모든 것이 율법은 아닙니다. 구약에도 엄청난 분량의 믿음이 있습니다. 그러나 그것은 잘 살펴봐야 찾을 수 있습니다. 구약은 기본적으로 율법 아래 있기 때문입니다.

> 그러므로 믿음으로 말미암은 자는 믿음이 있는 아브라함과 함께 복을 받느니라 무릇 율법 행위에 속한 자들은 저주 아래에 있나니 기록된 바 누구든지 율법 책에 기록된 대로 모든 일을 항상 행하지 아니하는 자는 저주 아래에 있는 자라 하였음이라 또 하나님 앞에서 아무도 율법으로 말미암아 의롭게 되지 못할 것이 분명하니 이는 의인은 믿음으로 살리라 하였음이라 율법은 믿음에서 난 것이 아니니⋯   갈라디아서 3:9-12

율법의 목적

바울이 이미 이렇게 말을 해서 제가 하지 않아도 되니 얼마나 다행입니까! 만약 제가 **"율법은 믿음에서 난 것이 아니니"**라고 했다면 종교적인 사람들에게 곤욕을 치렀을 것입니다. 이 말씀을 로마서 14장 23절, **"믿음을 따라 하지 아니하는 것은 다 죄니라"**와 함께 놓고 보면 신약의 사람들이 구약의 율법을 따라 하나님을 기쁘시게 하려는 것은 '믿음 안에 있는 것이 아니라 사실상 죄 안에 있는 것' 이란 사실이 명백해집니다.

신약의 믿는 자들이 엘리야나 다윗 왕이 했던 방식으로 하나님을 섬기려고 하는 것은 죄입니다! 말씀은 **"믿음을 따라 하지 아니하는 것은 다 죄"**라고 했으며 **"율법은 믿음에서 난 것이 아니"**라고 분명하게 말씀하고 있으니까요.

신약성경에는 구약의 율법 아래에서 하나님을 섬기는 것으로부터 우리의 생각을 새롭게 하는 것을 유일한 목적으로 하여 기록된 책이 네 권이나 됩니다. 로마서, 갈라디아서, 히브리서, 에베소서입니다. 일반적으로 바울의 모든 서신에는 그러한 의도가 강하게 드러나 있습니다.

로마서가 기록된 목적은 '율법과 행위로 받는 구약의 의'로부터 사람들의 생각mind을 새롭게 하려는 것입니다. 히브리서는 예수님께서 구약시대의 모든 것을 폐기하셨다는 사실을 우리가 깨달을 수 있도록 강하게 강조하고 있습니다. 즉 우리의 대제사장은 이제 예수님이시고 우리는 더 이상 황소와 염소의 피로 제사를 드리지 않으며 예수님께서 보혈을 흘리심으로 우리는 자유케 되었다는 것입니다.

더 이상 짐승을 제물로 드리는 제사가 필요 없다는 진리를 교회가 받아들인 것입니다. 그리고 말씀이 여기 덧붙여 설명하는 것이 있습니다. 우리가 율법 아래 있지 않다는 것의 의미는 우리의 양심으로 하여금 우리를 정죄하게 하는 율법의 원리에서도 우리가 자유케 되었다는 뜻입니다.

> 그러므로 이제 그리스도 예수 안에 있는 자에게는 결코 정죄함이 없나니   로마서 8:1

> 왜냐하면 섬기는 사람들이 단번에 정결케 돼 더 이상 죄를 의식하는 일이 없었을 것이기 때문입니다.
> 히브리서 10:2(후반절), 우리말성경

성경이 말하길 믿는 자들이라면 양심의식, consciences이 정결하게 되어 더 이상 죄에 대한 의식이 없어야 된다고 합니다. 더 이상 죄를 의식하지 말라는 뜻입니다. 이렇게 말한 저에게 많은 사람들이 돌을 던지고 싶을 것입니다. 그들은 아마 이렇게 말할 것입니다. "어떻게 감히 그런 말을! 십계명도 지키면서 구약의 율법 아래에서 살아야지요!"

이렇듯 율법을 지켜야 한다고 믿는 사람들이 많지만 그런 사람들조차 대부분 십계명을 외우지 못합니다. 게다가 율법에는 십계명만 있는 것이 아닙니다. 수백 가지의 계명이 있습니다. 대부분 율법이 뭔지도 모르면서 율법을 지켜야 한다고 주장하는 것이지요! 아무리 이해해 보려고 해도 그것은 모순입니다. 정말로 율법을 지켜야 한다고 믿는다면 그것이 무엇인지 정도는 알아야 하지 않겠습니까?

사람이 의롭게 되는 것은 율법의 행위로 말미암음이 아니요 오직 예수 그리스도를 믿음으로 말미암는 줄 알므로 우리도 그리스도 예수를 믿나니 이는 우리가 율법의 행위로써가 아니고 그리스도를 믿음으로써 의롭다 함을 얻으려 함이라 율법의 행위로써는 의롭다 함을 얻을 육체가 없느니라 만일 우리가 그리스도 안에서 의롭게 되려 하다가 죄인으로 드러나면 그리스도께서 죄를 짓게 하는 자냐 결코 그럴 수 없느니라 만일 내가 헐었던 것을 다시 세우면 내가 나를 범법한 자로 만드는 것이라 내가 율법으로 말미암아 율법에 대하여 죽었나니 이는 하나님에 대하여 살려 함이라 내가 그리스도와 함께 십자가에 못 박혔나니 그런즉 이제는 내가 사는 것이 아니요 오직 내 안에 그리스도께서 사시는 것이라 이제 내가 육체 가운데 사는 것은 나를 사랑하사 나를 위하여 자기 자신을 버리신 하나님의 아들을 믿는 믿음 안에서 사는 것이라 내가 하나님의 은혜를 폐하지 아니하노니 만일 의롭게 되는 것이 율법으로 말미암으면 그리스도께서 헛되이 죽으셨느니라

갈라디아서 2:16-21

율법을 지키는 것이 하나님을 기쁘시게 하고 그 결과로 우리가 의롭게 되는 것이라면 예수 그리스도의 죽음은 헛된 것이 됩니다. 율법 아래 사는 것은 그리스도의 죽음을 효력 없게 만들기 때문입니다. 그것은 하나님의 은혜를 헛되게 하는 것입니다. 많은 사람들이 하나님이 진정으로 어떤 분이신지 알지 못해서 무의식중에 하나님의 은혜, 즉 우리를 향하신 그분의 선하심, 사랑, 긍휼을 헛되게 하고 있습니다.

그리스도께서 우리를 자유롭게 하려고 자유를 주셨으니 그러므로 굳건하게 서서 다시는 종의 멍에를 메지 말라

갈라디아서 5:1

무엇으로부터 우리를 자유하게 하셨는지 아십니까? 누군가는 "죄"라고 답하겠지만 죄가 가진 힘은 무엇이었습니까? 그것은 바로 율법입니다. 즉 갈라디아서는 예수 그리스도께서 우리를 율법의 속박으로부터 자유케 하신 것에 대해 설명하고 있는 것입니다.

율법은 어린아이를 위한 것

우리는 앞서 고린도후서 3장 7-9절을 통해 구약의 율법은 사망과 정죄의 사역을 한다는 것에 대해 살펴보았습니다. 그런 것들이 하나님께서 하시는 일이라고 생각되십니까? 하나님은 우리에게 사망을 주기 원하셨을까요? 그분은 우리가 죄책감을 갖게 되길 바라셨을까요? 그런 것들은 절대 하나님의 의도가 아니었습니다.

로마서 3장 19-20절을 통해 우리가 알게 되는 것은 우리는 율법을 통해 죄에 대한 지식을 받았고 그 결과 모든 입을 막고 온 세상이 하나님의 심판 아래 놓였다는 것입니다. 즉 우리에게 죄에 대한 지식을 준 것은 율법이었고 그것은 우리로 하여금 하나님 앞에서 죄책감을 갖게 했습니다. 고린도전서 15장 56절은 이렇게 말합니다. "죄의 권능은 율법이라" 이렇듯 죄에 힘을 실어 준 것은 율법입니다.

> 그러나 죄가 기회를 타서 계명으로 말미암아 내 속에서 온갖 탐심을 이루었나니 이는 율법이 없으면 죄가 죽은 것임이라 전에 율법을 깨닫지 못했을 때에는 내가 살았더니 계명이 이르매 죄는 살아나고 나는 죽었도다 생명에 이르게 할 그 계명이 내게 대하여 도리어 사망에 이르게 하는 것이 되었도다 죄가 기회를 타서 계명으로 말미암아 나를 속이고 그것으로 나를 죽였는지라   로마서 7:8-11

죄는 부정적인 작용을 합니다. 율법도 부정적인 작용을 합니다. 율법은 우리로 하여금 죄에 대하여 알게 하여 하나님께 접근하고자 할 때 절망하게 합니다. 하나님은 우리에게 죄에 대한 완전한 지식을 주려 하지 않으셨습니다. 이렇듯 하나님께서 죄에 대한 진노를 나타내지 않으셨기 때문에 사람들이 죄를 정당화하기 시작했습니다. 죄가 얼마나 무서운 것인지 몰랐기 때문에 죄를 받아들인 것입니다. 그 결과 사람들은 전혀 절제가 없는 삶을 살게 되었고 그로 인해 사탄이 인류를 지배하게 된 것입니다.

율법의 목적

예수님께서 이 땅에 오실 때까지, 하나님께서는 죄가 확산되어 인류를 지배하고 파괴하는 것을 막기 위해 임시조치를 취하셔야 했습니다. 넘쳐나는 죄 때문에 구약의 율법을 주셨습니다만 이것은 예수님이 오실 때까지만 유효했던 임시방편이었습니다. 하나님은 우리가 자신이 얼마나 부패했는지 알게 되길 원치 않으셨지만 사람들이 너무나 미혹되어 죄가 괜찮은 것이라고 생각하게 되자 죄를 억제하기 위해 율법을 사용하셔야만 했습니다.

율법이 없었을 때의 또 다른 부작용은 하나님께서 죄를 완전히 심판하지 않으셨다는 것입니다. 다른 말로 하자면 사람들이 죄를 지을 때마다 번개가 내려친 것은 아니었다는 것입니다. 죄가 그다지 심각해 보이지 않았기 때문에 사람들은 죄를 개의치 않았고 스스로가 생각하는 선을 추구하려 했습니다. '좀 더 분발해야 되니까 새해 결심을 세워야겠다. 집사람도 그만 때리고 술도 끊어야지.' 이렇게 사람들은 더 나은 삶을 위해 자기 자신을 신뢰하기 시작했습니다. '나 정도면 괜찮지. 이제 난 정말로 훌륭해. 이 정도면 천국에 갈 수 있을 거야.' 자신들의 삶 가운데 있는 죄의 심각성을 고려하지 않았던 것입니다.

오늘날도 사람들은 똑같은 말을 합니다. "사랑의 하나님이 어떻게 사람을 지옥에 보내겠어? 이슬람교를 믿든 힌두교를 믿든 불교를 믿든, 누구든지 최선을 다하면 하나님도 받아들여 주실 거야." 아니요, 그렇지 않습니다. 그것은 진리가 아닌 미혹입니다.

율법이 없을 때 인류는 이렇게 생각했습니다. '할 수 있는 한 최선을 다하면 하나님께서 받아주실 거야.' 하나님께서 죄를 벌하지 않으셨기 때문에 죄가 얼마나 치명적인지 이해하지 못했던 것입니다. 그래서 하나님은 율법을 주심으로써 죄에 대한 그분의 진노가 어떤 것인지 나타내 주신 것입니다.

하나님께서 율법을 주신 의도는 아이를 훈육하는 것과 매우 흡사합니다. 두 살짜리 아이를 가르칠 때 이렇게 하는 사람이 있을까요? "얘야, 누나 장난감을 뺏으면 안 돼. 하나님께서 사이좋게 나눠가지라고 하셨잖아. 하나님은 주라고 하셨단다. 네가 대우를 받고 싶은 대로 타인을 대하라고 하셨어. 그러니까 누나 장난감을 뺏을 때마다 사실 너는 물건을 훔치는 거야. 마귀에게 순종하는 거지. 그리고 마귀에게 순종할 때마다 마귀가 너의 삶에 들어오는 문을 열어주는 것이며 너는 마귀의 방식을 배우는 거야. 계속 마귀의 방법을 고수하면 성인이 되어서 직장에서 해고당하게 되고 결혼도 실패하게 된단다. 삶에 문제는 많아지고 아무것도 할 수 없는 지경이 되지."

만약 여러분이 두 살짜리에게 그런 식으로 설명한다면 그

애는 무슨 소리인지 몰라 빤히 쳐다보기만 할 것입니다. 아이들은 그런 복잡한 생각을 이해할 수 없습니다. 하나님을 이해할 수도 없고 마귀를 알지도 못합니다. 마귀를 대적하는 것이 뭔지도 모르고 악한 영이 뭔지도 모릅니다. 그런 것에 대해서는 전혀 모릅니다. 그러면 어떻게 해야 할까요?

어떤 사람은 이렇게 말합니다. "저는 아이들이 이해할 만큼 성장할 때까지 그냥 내버려 둘 겁니다." 글쎄요, 그렇게 오래 기다리다가는 큰 문제에 봉착하게 됩니다! 하나님은 어린아이들의 못된 행동을 다스리는 임시방편을 주셨습니다. 성경은 그것을 채찍이라 부르지만 보통은 맴매라고 합니다.

두 살짜리를 잘 다루는 방법이 있습니다. "얘야, 네가 하나님이나 마귀에 대해서는 몰라도 한 번만 더 그러면 맴매 맞는다는 것은 알지?" 아이들은 마귀가 누군지는 몰라도 마귀가 다음에 "장난감을 뺏어!", "저 아이 때려!"라고 유혹할 때 "싫어!" 하면서 마귀를 대적할 것입니다. 벌에 대한 두려움을 이용하면 그 아이들로 하여금 죄를 저항하고 거룩한 기준에 부합하도록 행동하게 만들 수 있습니다. 이 방법은 죄가 뭔지, 마귀가 누군지 몰라도 가능합니다. 매를 두려워하게 만들면 그 아이들은 말을 잘 들을 것입니다. 제가 장담합니다!

임시방편으로 쓴다면 매는 좋은 것이고 유용한 것입니다.

그러나 장기적인 관점으로 볼 때 인간이 거룩하게 살려는 동기가 오직 매 맞기 싫어서라면 그것은 해로운 것이 됩니다. 어른이 되어서도 맞을까 봐 자제하는 것은 올바른 동기가 아닙니다. 회초리는 어린아이가 말귀를 이해할 나이가 될 때까지 사용하는 임시방편이니까요.

제가 어렸을 때 어머니는 길을 건널 때 반드시 양쪽을 다 살피라고 하셨습니다. 차가 있든 없든, 양쪽을 다 확인하지 않으면 저는 매를 맞았습니다. 당시 저는 차 앞으로 뛰어들면 매 맞는다는 것은 알았지만 차에 치이는 것은 두려워하지 않았습니다. 차에 뛰어들면 차에 치인다는 인과관계를 이해하지 못했으니까요. 제가 매를 무서워한 이유는 매 맞는 것이 뭔지 그 정도는 알았기 때문입니다! 매 맞는 것에 대한 두려움이 길을 건널 때 양쪽을 다 확인하게 해 준 것입니다.

이제 저는 어른입니다. 그런데 제가 길을 건널 때 양쪽을 다 확인하지 않았다고 해서 덜덜 떨며 "아, 제발 엄마한테는 말하지 마! 우리 엄마한테 얘기하면 안 돼. 엄마가 알면 맴매한단 말이야."라고 하는 모습을 상상해 보십시오. 얼마나 웃기는 장면입니까! 길을 건너기 전에 양쪽을 다 확인하는 이유는 엄마한테 맞을까 봐서가 아니라 그렇게 하지 않으면 차에 치일 수도 있기 때문입니다.

저는 이제 어른이 되었고 어머니의 지배에서 벗어났습니다. 이제 우리 어머니는 제가 양쪽을 다 확인하지 않고 길을 건너도 저에게 매를 대지 않으실 것입니다. 그래도 양쪽 다 확인하고 길을 건너는 것은 저의 생명을 보호하기 위해 여전히 지혜로운 행동입니다. 다만 그 이유를 충분히 이해하지 못하는 아이들에겐 잘못된 행동을 하지 않도록 제한하는 수단으로 매가 사용되는 것입니다.

이것이 바로 하나님께서 율법을 주신 이유입니다. 율법은 영구적인 해결책으로 가기 위한 임시방편일 뿐이었습니다. 구약의 사람들은 거듭나지 않았기 때문에 우리처럼 계시적인 지식을 받을 수 없었기 때문입니다.

> 육에 속한 사람은 하나님의 성령의 일들을 받지 아니하나니 이는 그것들이 그에게는 어리석게 보임이요, 또 그는 그것들을 알 수도 없나니 그러한 일은 영적으로 분별되기 때문이라
>
> 고린도전서 2:14

구약시대의 사람들은 영적인 것을 이해할 수 없었습니다. 그래서 하나님께서는 그들이 이해할 수 있는 물리적인 제한을 주셨습니다. 그들이 '죄가 그렇게 나쁜 건 아니잖아.' 라고 생각

하자 하나님께서는 "죄가 그렇게 나쁜 것은 아니라고? 그렇다면 안식일 날 나무하는 사람을 돌로 쳐라."라고 하신 것입니다. 그러자 사람들은 하나님께서 안식일을 대하는 그들의 태도를 기뻐하지 않으신다는 사실을 깨닫게 된 것입니다.

하나님께서 이렇게 말씀하셨습니다. "십일조를 하지 않으면 너희는 저주를 받는다." 그러자 사람들이 이렇게 말했습니다. "하나님은 우리가 십일조를 하기 바라셔." 또 하나님이 이렇게 말씀하셨습니다. "사람을 죽이면 너도 죽으리라. 눈에는 눈, 이에는 이, 손에는 손, 발에는 발로 갚으리라." 그러자 죄가 얼마나 심각한 것인지 새로운 인식을 갖게 된 것입니다!

하나님께서 죄에 대한 그분의 진노를 나타내시자 사람들은 갑자기 자신들이 가졌던 옳고 그름의 기준이 완전히 잘못되었다는 것을 깨달았습니다. 그들의 양심은 오염되고 약화되어 진짜 옳고 그름이 무엇인지 하나님께서 직접 깨닫게 해 주셔야 했던 것입니다. 율법이 그들의 양심을 되살린 것입니다.

율법의 올바른 사용

> 믿음이 오기 전에 우리는 율법 아래에 매인 바 되고 계시될 믿음의 때까지 갇혔느니라　　　　　　갈라디아서 3:23

그 당시의 사람들은 자신의 공로로 구원을 받으려 했습니다. '나는 괜찮은 사람이야. 오랫동안 심한 잘못은 하지 않았고 지금도 꽤 잘하고 있어.' 그러나 율법이 주어진 이후에는 상황을 깨닫기 시작했습니다. '비록 앞으로 내가 절대 죄를 짓지 않는다고 해도 내 과거의 죄를 속하기 위해 내가 할 수 있는 일은 아무것도 없구나.' 소망 없는 자신의 상황을 깨닫기 시작한 것입니다.

> 그러나 율법은 사람이 그것을 적법하게만 쓰면 선한 것임을 우리는 아노라 알 것은 이것이니 율법은 옳은 사람을 위하여 세운 것이 아니요 오직 불법한 자와 복종하지 아니하는 자와 경건하지 아니한 자와 죄인과 거룩하지 아니한 자와 망령된 자와 아버지를 죽이는 자와 어머니를 죽이는 자와 살인하는 자며 음행하는 자와 남색하는 자와 인신 매매를 하는 자와 거짓말하는 자와 거짓맹세하는 자와 기타 바른 교훈을 거스르는 자를 위함이니　　　　　　디모데전서 1:8-10

율법에는 그에 해당하는 목적이 있고 올바른 사용 방법이 있습니다. 율법의 진짜 목적은 하나님이 필요 없다고 생각하는 사람들에게 깨달음을 주기 위한 것입니다. 자신이 하나님께 죄를 범했다는 것을 모르는 사람들은 스스로를 속인 것이며 그런 사람들에게 예수님을 통한 구원이 없으면 천국에 갈 수 없다는 것을 보여주기 위해 율법을 사용할 수 있습니다.

오래전에 텍사스 휴스턴에서 집회를 했을 때 일입니다. 제가 설교를 하고 있는데 한 남자가 일어나서 저에게 소리를 질렀습니다. 대화를 시도했지만 도저히 대화가 되지 않았습니다. 할 수 없이 그에게 앉으라고 꾸짖었고 그러자 그는 바로 앉았습니다. 설교가 끝나자 그는 앞으로 나와 맨 첫 줄에 앉았습니다. 그는 마약에 완전히 취해있었고 거의 말을 하지 못했습니다. 제가 그에게 말했습니다. "하나님은 형제님을 사랑하시고 당신의 삶을 변화시켜 주시기 원하십니다. 하나님은 당신을 그 속박에서 자유케 하실 수 있습니다."

그러자 그 남자가 말했습니다. "나는 아무 문제도 없어요. 나를 묶고 있는 속박도 없고요. 지금 모든 게 다 잘 돌아가는데요? 다 괜찮습니다." 그가 전혀 안 괜찮다는 것은 모두가 알 수 있었습니다. 제가 말했습니다. "하나님께서 직접 형제님 안에 오셔서 당신을 자유케 하실 수 있습니다."

그러자 그가 이렇게 대답했습니다. "내가 하나님이야. 하나님은 천장에 있어. 하나님은 시멘트 속에 있다고." 그는 하나님을 살아계신 인격이 아니라 어떤 힘이나 어떤 개념으로 간주했습니다. "나는 아무 죄도 없어. 죄는 상대적인 거거든."

이 사람은 자신을 완악하게 하고 스스로를 속여서 하나님의 완벽한 기준을 이해하지 못하는 지경이 된 것입니다. 저는 그 사람을 사랑으로 대하며 하나님의 선하심을 통해 그를 회개케 하려고 했지만 그 사람은 너무나 미혹되어서 양심이 막혀 있었습니다. 옳고 그름의 진정한 기준을 인식하지 못했던 것입니다.

그것이 확인되자 저는 그에게 율법을 사용했습니다. 성경 구절을 가지고 그의 죄를 지적하기 시작했습니다. 율법으로 그를 난도질한 것입니다. "이 가련한 사람아. 당신은 스스로를 괜찮다고 생각하지만 전혀 그렇지 않아. 당신에겐 아무런 능력도 없고 삶에 낙도 없어."

저는 그의 안에 내재해 있는 모든 악을 드러내기 시작했습니다. 정욕, 욕심, 탐욕 등 하나님이 싫어하시는 모든 죄를 드러냈습니다. 하나님의 말씀을 통해 그에게는 구세주가 필요하며 하나님께서 간섭하지 않으신다면 지옥으로 직행한다는 것을 보여준 것입니다. 그래서 어떻게 됐는지 아십니까? 율법이 그의 모든 미혹을 드러냈습니다. 율법이 온 순간 그의 양심이 하나님 적인 기준으로 돌아온 것입니다.

아무리 미혹된 사람일지라도 율법을 올바른 방법으로 들이 대면 자신의 죄를 직면할 수밖에 없습니다. '마약이 어때서? 내 몸인데 누구랑 성관계를 갖든 무슨 상관이야? 그런 것은 다 상대적인 거야.'라고 생각하는 사람들도 마찬가지입니다. 율법 이 적절하게 제시되면 자신의 죄를 깨닫게 됩니다. 율법이 제시 될 때 주께서 모든 미혹을 깨뜨리시고 그들의 양심이 정상적으 로 작동하도록 하시기 때문입니다.

율법의 올바르지 못한 사용

율법의 목적은 우리에게 하나님이 필요하다는 것을 보여주 기 위함이었습니다. 그러나 일단 그것을 올바로 인식하고 나면 하나님과 친밀한 관계를 형성해 나가는 데에 율법은 아무런 역할을 하지 못합니다. 많은 사람들이 이점을 놓칩니다.

그런데 죄를 깨닫고 난 후에도 율법을 지켜서 하나님과 올 바른 관계를 맺고자 하는 사람들이 있습니다! 구약의 율법은 "하지 말지어다."로 가득한데 사람들은 그것을 다음과 같이

해석한 것입니다. "하나님께서 그분과의 관계를 얻어내기 위해 내가 해야 할 일들을 말씀해 주신거야. 이제 안식일을 지키고, 부모를 공경하고, 살인하지 않고, 도둑질하지 않고, 거짓 증거하지 않고, 그 외에 이 모든 것을 지키면 나는 하나님과 문제가 없을 거야."

아니요, 하나님은 그렇게 가르치지 않으셨습니다. 하나님께서 율법을 주신 이유는 그것을 지켜서 천국에 갈 자격을 얻으라고 주신 것이 아닙니다. 그 어떤 누구도 율법을 전부 다 지킬 수 없기 때문입니다. 로마서 3장 23절은 "모든 사람이 죄를 범하였으매 하나님의 영광에 이르지 못하더니"라고 합니다. 율법을 온전히 지킬 수 있는 분은 예수님밖에 없습니다.

율법은 그것을 지켜서 천국에 갈 자격을 얻어내라고 주신 것이 아닙니다. 율법은 우리가 얼마나 소망 없는 존재였는지 깨닫게 하려고 주신 것입니다. 우리 자신이 얼마나 죄인인지 보여주심으로써 구원을 받기 위해 자신을 신뢰하지 말고 하나님을 바라보라고 주신 것입니다.

종교는 율법을 전합니다. 종교는 말하길 만약 우리가 교회에 가지 않거나 거기서 그들이 만든 법을 따르지 않으면 하나님께서 기도에 응답하지 않으시고 천국에도 갈 수 없다고 가르칩니다. 구원에 조건이 있다는 것인데 그것이 사실이라면 아무도 거듭날 수 없습니다. 왜냐하면 거듭나기 전에 올바로 살 수 있는 사람은 아무도 없기 때문입니다! 율법은 그것을 지켜서 하나님과의 관계를 얻어내라고 주어진 것이 아닙니다. 우리로 하여금 죄에 대하여 알게 하고, 우리를 정죄하고, 자신을 의지하여 구원받고자 하는 그 어떤 희망도 모두 부숴버리기 위해 주어진 것입니다.

율법은 투우사의 붉은 천과 같다

어느 늙은 투우 한 마리가 들판에 누워서 이렇게 생각한다고 가정해 봅시다. '내가 그동안 사람들에게 너무 못되게 굴었구나. 그래서는 안 되는데. 이 들판을 지나가는 사람들을 공격해서야 되겠나? 나는 변할 거야. 더 이상 못되게 굴지 않을래. 이젠 모든 사람을 사랑해야지.' 그래서 그 투우는 자신이 변했다고 생각하며 푸른 초장에서 풀을 뜯고 있었습니다. 그러나 변했다고 생각한다고 해서 변한 건 아닙니다. 누군가 그 투우 곁에 가까이 가도 공격하지는 않겠지만 투우사의 붉은 천을 꺼내 그의 눈앞에서 흔들기 시작하면 갑자기 그 투우의 본성이 깨어나 무섭게 달려들 것입니다!

투우가 다시 못되어진 것이 붉은 천 때문인가요? 아닙니다. 붉은 천은 투우의 내면에 있는 본성을 끄집어냈을 뿐입니다. 미혹된 사람이 있다면 그 내면의 부정적인 것들을 끄집어낼 필요가 있습니다. 죄로 가득한 삶을 살면서도 자신은 문제가 없다고 생각한다면 그런 사람에게는 율법을 사용해야 합니다.

전에 몇몇 사람들과의 관계에 문제가 생긴 적이 있었습니다. 아내와 저는 그 문제에 대해 기도했고 결국 그 문제를 직면해야 한다는 데에 서로 동의했습니다. 그리고 어떤 일이 일어났는지 아십니까? 그 사람들 중에 한 여자가 폭발하더니 저에게 마귀라고 소리치기 시작했습니다. 완전히 제정신이 아니었습니다. 사탄은 그날 그 여자를 죽이려고 했고 그것은 정말 끔찍한 광경이었습니다. 그러나 그 여자 안에 있었던 부정적인 것들이 밖으로 표출된 것은 좋은 현상이었습니다. 결국 그것을 처리할 수 있었기 때문입니다. 그들이 속았었다는 것이 드러났기 때문에 결국엔 긍정적인 일이 되었습니다.

그 사람들 중에 나머지는 영적인 문제가 있다는 것을 몰랐었는데 그 여자가 그토록 추악해지는 것을 보자 문제는 그 여자에게 있었다는 것을 알게 된 것입니다. 우리는 그 영을 대적했고 모든 사람들이 그 악한 영에서 자유케 되었습니다. 지금은 그 사람들과 매우 좋은 관계를 유지하고 있습니다.

율법은 하나님께서 구약시대에 사용하신 것으로 우리의 문제인 죄가 무엇인지를 보여주고 우리 상황이 전혀 가망 없음을 드러내기 위한 것이었습니다. 이것은 신약에 설명되어 있으며 꼭 필요하다면 하나님은 지금도 여전히 율법을 사용하신다는 것을 볼 수 있습니다.

구약의 율법 아래 산다는 것은 끔찍하게 무거운 짐이었지만 그 당시로서는 율법이 하나님께서 주실 수 있는 최고의 방편이었습니다. "잠깐만요, 그때는 하나님께서 새 언약을 주실 수 없었다는 뜻입니까?" 네, 그렇습니다. 성경은 때가 차매, 예수님께서 오셨다고 했습니다(갈 4:4). 예수님은 인류를 구원할 구원자로 최대한 빨리 오신 것입니다. 많은 예언들이 성취되어야 했고 반드시 먼저 일어나야 할 일들이 있었습니다. 그래서 하나님께서는 임시방편인 율법으로 인류와 죄를 다루셔야 했던 것입니다.

불행히도 많은 사람들이 그것을 하나님의 진짜 모습이라고 해석했습니다. 율법으로 사람을 다루는 것이 바로 하나님의 방법이라고 생각한 것인데 그것은 진리가 아닙니다! 아담과 하와가 죄를 범한 순간부터 그리고 에덴동산에서 쫓겨난 이후로도 오랫동안 하나님은 인류에게 그분의 긍휼을 보여주셨고 오직 그분의 선하심 때문에 사람들이 회개에 이르기를 바라셨습니다. 이것을 통해 하나님은 오실 구세주를 계속적으로 가리키셨던 것입니다.

04

하나님의 선물, 영생

때가 차매, 예수님께서 오셨습니다. 하나님께서 사람이 되시어 온전하고 죄 없는 삶을 사셨습니다. 그분은 자신의 결정으로 매를 맞으시고 채찍질 당하시고 십자가에 달리셨습니다. 우리의 죄가 되셔서 십자가에서 우릴 위해 죽으신 것입니다. 그러나 그 후에 무덤에서 부활하셨고 그 뒤로 세상은 완전히 다른 현실을 맞이했습니다!

네가 만일 네 입으로 예수를 주로 시인하며 또 하나님께서 그를 죽은 자 가운데서 살리신 것을 네 마음에 믿으면 구원을 받으리라 사람이 마음으로 믿어 의에 이르고 입으로 시인하여 구원에 이르느니라   로마서 10:9-10

예수님께서 새로운 시대를 열어주신 것입니다. 이제 모든 사람들이 하나님과 화평할 뿐만 아니라 하나님을 알 수 있게 되었습니다. 가장 큰 기적은 사람의 마음이 변화되었다는 것입니다.

너희는 새로운 피조물이라

그런즉 누구든지 그리스도 안에 있으면 새로운 피조물이라 이전 것은 지나갔으니 보라 새 것이 되었도다 모든 것이 하나님께로서 났으며 그가 그리스도로 말미암아 우리를 자기와 화목하게 하시고 또 우리에게 화목하게 하는 직분을 주셨으니 고린도후서 5:17-18

한 사람이 구원을 받으면 새로운 피조물이 됩니다. 그 사람 안에 있는 영이 변화되는 것입니다. 위의 성경 구절은 물리적인 몸이 새롭게 되었다고 말하는 것이 아닙니다. 구원받기 전의 몸은 구원받은 후에도 그대로입니다. 물리적인 몸은 변하지도, 달라지지도 않습니다. 생각mind도 변하지 않습니다.

변화되는 부분은 바로 영입니다.

또 새 영을 너희 속에 두고 새 마음을 너희에게 주되 너희 육신에서 굳은 마음을 제거하고 부드러운 마음을 줄 것이며

에스겔 36:26

하나님을 따라 의와 진리의 거룩함으로 지으심을 받은 새 사람을 입으라
에베소서 4:24

하나님이 죄를 알지도 못하신 이를 우리를 대신하여 죄로 삼으신 것은 우리로 하여금 그 안에서 하나님의 의가 되게 하려 하심이라
고린도후서 5:21

우리는 새new 영이며 의롭고 거룩합니다. 우리의 영에는 죄가 없습니다. 예수님께서 우리를 위해 죄가 되시므로 우리는 하나님의 의가 **되었습니다**. 우리가 받은 하나님의 의는 이 땅의 인생을 살아낼 수 있을 정도만큼 조금만 받은 것이 아닙니다. 우리는 우리 영 안에 하나님의 의를 **전부** 가졌습니다. 우리의 영은 앞으로 더 좋아질 것이 없습니다. 지금 이 순간 온전하고 완벽하기 때문입니다.

주님을 만날 때가 되어야 새 영을 받는 것이 아닙니다. 그때 우리가 받는 것은 영화롭게 변한 새 몸이고 그때 우리의 혼도

완전하게 변화되어 모든 것을 알게 될 것입니다. 이 땅에서 사는 동안 우리의 몸은 죄로 향하는 경향이 있고 우리의 생각은 새롭게 되어야 하지만 지금 이 순간에도 우리 안에 있는 영은 우리 마음속에 사시는 성령님을 담고 있습니다.

> 이로써 사랑이 우리에게 온전히 이루어진 것은 우리로 심판 날에 담대함을 가지게 하려 함이니 주께서 그러하심과 같이 우리도 이 세상에서 그러하니라   요한일서 4:17

"주께서 그러하심과 같이 우리도 이 세상에서 그러하니라" "앞으로 그렇게 될 것"이라는 말이 아니라 **지금 이 세상에서** 그렇다는 것입니다. 이것은 우리의 몸이나 혼이 아니라 영을 말하는 것이 분명합니다. 우리의 영은 지금 이 순간 완벽하게 순결하고, 거룩하고, 의롭고, 깨끗하며 앞으로 영원히 이 모습을 그대로 유지할 것입니다. 이 구절이 하는 말은 우리의 영이 주 예수 그리스도의 영과 세포 하나하나까지 모두 똑같다는 것입니다! (만약 영적 영역에도 세포가 있다면 말입니다.) 우리의 영은 하나님의 완전한 걸작품입니다. 우리 영은 깨끗하고 순결합니다. 또한 우리가 죄를 지어도 우리 영은 더러워지지 않습니다. 죄를 짓는 것은 우리의 영이 아니기 때문입니다.

> 하나님께로부터 난 자마다 죄를 짓지 아니하나니 이는 하나님의 씨가 그의 속에 거함이요 그도 범죄하지 못하는 것은 하나님께로부터 났음이라 요한일서 3:9

저는 이 구절이 습관적인 죄에 관한 것이라고 늘 들어왔습니다. 사람들은 이렇게 말하곤 했습니다. "형제님, 습관적으로 죄를 지어선 안 됩니다. 때때로 죄를 지을 수도 있겠지만 진정으로 거듭난 사람은 습관적으로 죄를 짓지 않습니다." 그러나 그것은 말이 안 됩니다. 왜냐하면 앞서 말씀드렸듯이 우리가 죄라고 부를 수 있는 것들은 매우 광범위하기 때문입니다.

어떤 것들이 죄인지 아십니까? 많이 먹는 것도 죄입니다. 주변에 습관적으로 많이 먹는 그리스도인들이 있지 않습니까? 어쩌다가 입을 벌렸는데 어디선가 음식이 내 입으로 날아 들어오는 경우는 없습니다! 다 자기 의지로 먹은 것입니다. 그렇기 때문에 오랫동안 과체중인 사람들은 습관적인 죄를 지은 것입니다. 저는 지금 누구를 정죄하고자 하는 것이 아닙니다. 저도 때로 과체중이 됩니다. 그러나 표준 몸무게에서 5kg가 더 나가든, 10kg가 더 나가든, 20kg가 더 나가든 상관없습니다. 과체중은 과체중이니까요. 작은 죄라도 죄는 죄입니다.

하나님은 말씀을 통해 우리 몸이 성령의 전이라고 말씀하십니다. 그렇기 때문에 이 몸을 잘 돌봐야 하고 무엇을 먹든지 마시든지 그리고 무슨 말을 하든지 그것으로 하나님께 영광을 돌려야 합니다. 우리가 하는 모든 것이 하나님의 영광을 위한 것이어야 합니다. 우리가 과식을 한다면 그것은 하나님께 영광을 돌리는 것이 아닙니다. 그것은 자아를 만족시키는 것이며 자아가 지배하고 있는 것입니다. 자아가 죽지 않고 여전히 살아 있어서 그런 것입니다!

제가 하고자 하는 말은 믿는 자들 모두가 어떤 면에서는 습관적으로 죄를 짓는다는 것입니다. 그래서 저는 요한일서 3장 9절이 습관적인 죄에 대하여 말하는 것이 아니라고 믿습니다. '하나님으로부터 난 자'라고 할 때, 그것은 말 그대로 영의 사람을 지칭하는 것입니다.

당신은 하나님이 불어넣으신 영

우리의 영은 하나님으로부터 난 유일한 부분입니다. 영은 죄를 지을 수가 없습니다. 영은 우리 안에 있는 하나님의 씨입니다. 우리 영은 **절대** 죄를 짓지 않았습니다. 우리는 육신의 영역에 속박되어 있기 때문에 우리의 감정과 생각이 죄를 지을 수 있습니다. 우리의 의지가 선택했기 때문입니다. 그러나 우리의 영은 죄에 참여하지 않습니다.

우리의 영은 죄를 지을 때마다 더러워지지 않습니다. 영은 부패하지 않기 때문에 영을 정결케 할 필요가 없습니다. 우리의 영을 예수님의 보혈로 반복해서 덮을 필요가 없다는 말입니다. 이것이 바로 히브리서 9장 11-12절이 말하는 바입니다. 예수님께서는 우리의 **영원한** 속죄를 위하여 **단번에** 성소로 들어가셨습니다. 영원한 속죄는 영을 위한 것이었습니다.

우리의 영은 현재 속죄가 완성된 유일한 부분입니다. 우리는 영화롭게 될 몸을 약속받았고 혼은 변화되고 있는 중입니다. 지금 이 순간, 속죄의 과정을 모두 마친 유일한 부분은 우리 영입니다. 영은 지금 이 순간 완전하고 앞으로도 **영원히** 완전할 것입니다. 우리의 영은 이 땅에서 더럽혀지지 않습니다.

> 이 뜻을 따라 예수 그리스도의 몸을 단번에 드리심으로 말미암아 우리가 거룩함을 얻었노라 제사장마다 매일 서서 섬기며 자주 같은 제사를 드리되 이 제사는 언제나 죄를 없게 하지 못하거니와 오직 그리스도는 죄를 위하여 한 영원한 제사를 드리시고 하나님 우편에 앉으사   히브리서 10:10-12

이것은 놀라운 말씀입니다. 이 말씀을 깊이 생각하는 것만으로도 우리를 자유케 할 수 있습니다. 주 예수 그리스도의 제사는 우리를 **단번에 영원히** 온전하게 해주었습니다. 히브리서 기자는 예수님께서 하신 일을 구약의 대제사장이 한 일과 비교하면서 예수님은 또다시 제물이 되실 필요가 없다는 것을 지적한 것입니다.

우리 대부분은 자신이 얼마나 완전하게 속죄를 받았는지 이해하지 못합니다. 그 이유 중에 하나는 구약적인 사고방식 때문인데 구약에서는 속죄가 완전하게 나타나지 않았습니다. 구약시대에는 사람들이 죄를 지을 때마다 그 죄에 대해 또 다른 제물을 제사로 드려야 했습니다. 또한 매년 속죄일에는 죄의 본성이 전부 속해져야 했습니다. 해마다 반복해서 계속적으로 제사를 드려야 했던 것입니다.

이렇듯 구약의 율법 아래에서는 제사장들이 동일한 제사를 여러 번 드려야 했지만 신약의 믿는 자들에게는 히브리서 10장 14절이 적용됩니다. "그가 거룩하게 된 자들을 한 번의 제사로 영원히 온전하게 하셨느니라." 그리고 10절에서 거듭난 자들은 그 제사를 통해 거룩하게 되었다고 합니다!

거룩하게 되었다는 것은 열심히 노력해서 죄가 없는 완전한 상태에 이르렀다는 말이 아닙니다. 어떤 사람들은 이 땅에서 더 이상 죄를 짓지 않는 완전한 경지에 이를 수 있다고 가르칩니다. 그러나 히브리서 10장 10절과 14절 말씀에 의하면 예수님께서 거룩하게 하시고 완전하게 만들어 주신 부분은 우리의 영입니다. 우리 영은 '거룩하게 되었다' 또는 '죄로부터 분리되었다'고 표현할 수 있습니다. 예수님께서 드리신 한 번의 제사로 우리의 영은 영원히 거룩하게 되었고 완전하게 되었기 때문입니다!

> 그러나 너희가 이른 곳은 시온 산과 살아 계신 하나님의 도성인 하늘의 예루살렘과 천만 천사와 하늘에 기록된 장자들의 모임과 교회와 만민의 심판자이신 하나님과 및 온전하게 된 의인의 영들과   히브리서 12:22-23

만약 우리의 영이 언제나, 모든 상황에서, 영원히 완전하게 되었다면 하나님은 비록 우리가 죄를 짓고 육신적으로 부족하더라도 우리를 보시고 사랑하실 수 있습니다. 왜 그럴까요? 하나님은 마음을 보시기 때문입니다!

> 내가 보는 것은 사람과 같지 아니하니 사람은 외모를 보거니와 나 여호와는 중심heart을 보느니라 하시더라
>   사무엘상 16:7

하나님은 영이시니 예배하는 자가 영과 진리로 예배할지니라

요한복음 4:24

제가 하나님을 "아바, 아버지"라 부르며 나아갈 때 하나님은 저의 죄나 부족했던 점들을 보지 않으십니다. 하나님께서는 그런 것들을 보시면서 "네가 어떻게 감히 너의 죄를 가지고 내 앞에 나왔느냐?"라고 하지 않으십니다. 그 이유는 하나님께 나아갈 때 저는 저의 죄를 가지고 가지 않기 때문입니다. 저는 완전하고 죄 없는 영과 진리로 하나님 앞에 나아갑니다!

하나님은 저의 영을 보십니다. 저의 육신이 무슨 일을 했든지 상관없이 저의 영은 거룩하고 순결하며 흠이 없고 완전하며 전혀 오염되지 않았습니다. 하나님께서는 예수님과 교제하는 것과 완전하게 동일한 방식으로 저를 보시면서 저와 교제하십니다!

그러나 이렇게 저의 영은 순결해도 저의 혼과 몸은 아직 순결하지 못합니다. 그것이 저와 하나님의 교제를 방해하는 유일한 장애물입니다. 제가 죄 가운데 뒹군다면 저의 양심은 더러워질 것이고 영적인 진리 안에서 행하는 것이 어려워 질 것입니다.

고린도전서 2장 14절에 보면 육신에 속한 사람은 영의 일을 받아들이지 못한다고 합니다. 물리적인 영역에서 계속적으로 죄 가운데 산다면 자신의 영이 순결하다고 느끼지 못할 것입니다.

하나님은 여전히 우리의 영을 보시고 우리 영은 언제나 순결하지만 육신적인 생각을 가지고 있을 때는 영의 순결함을 인식하지 못하게 됩니다. 그런 사람은 영적인 영역을 인식하지 못하기 때문에 그 안에서 행할 수 없고 그 결과 그리스도 예수 안에 있는 자신의 정체성을 경험할 수 없게 됩니다. 이렇듯 죄 가운데 살면 물리적인 영역 안에 갇히게 됩니다. 그렇게 되면 결과적으로 '하나님이 어떻게 나 같은 사람을 사랑하실 수 있겠어?'라고 의심하게 됩니다.

저는 우리의 영이 완전하다고 믿기 때문에 영은 더 이상 성장할 필요가 없고 성장해야 하는 것은 우리의 혼이라고 생각합니다. 우리의 영 안에서는 영적인 진리들이 이미 완성되어 현실이 되었지만 우리의 생각, 감정, 의지는 배움과 실행을 통해 성장해야 합니다. 성경은 이를 신의 성품에 참여하는 것, 즉 하나님처럼 생각하고 말하고 행동하여 하나님을 닮아가는 것이라고 부릅니다.

> 이로써 그 보배롭고 지극히 큰 약속을 우리에게 주사 이 약속으로 말미암아 너희가 정욕 때문에 세상에서 썩어질 것을 피하여 신성한 성품에 참여하는 자가 되게 하려 하셨느니라
>
> 베드로후서 1:4

간단하게 말하자면 우리의 생각을 하나님의 말씀에 따라 새롭게 하고 하나님의 임재 안에 거하면서 그분과 친밀한 관계를 형성해 나가면 우리 영의 순결함과 완전함이 우리의 혼을 변화시킬 것입니다. 이렇게 우리 혼을 영에 맞춰나가면 혼은 우리로 하여금 죄짓게 하는 힘을 잃게 됩니다. 즉 생각을 새롭게 함을 통해 이미 영에게 순복한 혼에 우리 육이 순복하는 것입니다. 그러면 우리는 예수님처럼 행동하게 되고 그 결과 죄를 극복하게 됩니다.

이것이 그리스도 안에 있는 새로운 피조물의 큰 그림입니다. 그런데 만약 그렇게 하다가 실수라도 하면 어떻게 될까요? 그렇더라도 "제가 다 망쳐버렸네요. 저는 주님 앞에 설 자격이 없습니다."라고 하지 말고 오히려 "하나님, 예수님의 보혈을 통해 저는 다시 하나님 품으로 돌아옵니다. 저를 용서하시고 모든 불의에서 깨끗케 하심을 감사드립니다."라고 하면 됩니다.

> 너희는 다시 무서워하는 종의 영을 받지 아니하고 양자의 영을 받았으므로 우리가 아빠 아버지라고 부르짖느니라
>
> 로마서 8:15

너희가 아들이므로 하나님이 그 아들의 영을 우리 마음 가운데
보내사 아빠 아버지라 부르게 하셨느니라

갈라디아서 4:6

  우리가 알아가고 있는 진리는 '죄 없고 완전한 우리의 영 안에서 우리는 하나님의 자녀이며 그분은 우리를 버리지 않으신다'는 것입니다. 하나님은 저와 여러분을 사랑하십니다. 하나님은 우리의 죄 때문에 우리를 향한 태도를 바꾸지 않으십니다. 만에 하나, 하나님께서 우리의 죄 때문에 태도를 바꾸신다면 그것은 어떤 죄일까요? 어떤 이는 이렇게 말하겠지요. "어떤 죄는 어떤 죄겠어요, 큰 죄지요." 그러나 하나님은 죄를 상대 평가하지 않으시며 어떤 죄는 작고, 어떤 죄는 크다고 하지 않으십니다. 어떤 죄든, 하나님께 죄는 죄일 뿐입니다.

  만약 우리를 향한 하나님의 태도가 죄에 의해 영향을 받는다면 진정으로 하나님과 교제할 수 있는 사람은 아무도 없을 것이며 우리는 모두 곤경에 빠지게 될 것입니다. 그리고 우리 중에 어떤 누구도 하나님과 교제하지 못할 것입니다.

  하나님께 나아가 축복과 응답을 받기 위한 조건이 거룩함이라고 설교하는 것은 죄를 구분 짓는 것입니다. 죄를 구분 짓는다는 것은 "어떤 죄는 하나님께 괜찮겠지만 어떤 죄는 용서하지

않으신다."라고 하는 것입니다. 저는 '어떤 죄든, 하나님께 죄는 죄일 뿐'이라는 주장을 고수합니다.

그러면 이런 질문이 생길 것입니다. "그렇다면 일단 영원한 속죄를 받은 거듭난 사람은 구원을 잃어버릴 수 없단 말입니까?"

'우리의 구원은 안전한가?'라는 질문은 하나님과의 관계를 형성해 나가는 데 있어서 매우 중요한 문제입니다. 이 문제에 관하여 제가 앞으로 설명할 내용에 대해 동의할 수 없다 해도 성경 말씀을 따라 제가 이미 전달한 다른 중요한 진리들까지 거부하지는 마시길 바랍니다.

나의 구원은 안전한가?

저는 죄 가운데 살아도 되고 뭐든 하고 싶은 대로 해도 구원을 보존할 수 있다고 가르치지 않습니다. 어떤 것을 이해하려고 할 때 우리의 문제는 극단으로 치우치는 것입니다. 사람들은 이렇게 질문합니다. "하나님, '한 번 구원은 영원하다'고 가르치는 사람들이 옳은 건가요, 아니면 '구원을 받았다-잃었다, 다시 받았다-잃었다' 한다고 가르치는 사람들이 옳은 건가요?" 그러게 말입니다. 정말이지, 누가 옳은 것일까요?

저는 이 문제에 대해 족히 5년은 파헤쳐 본 것 같습니다. 수많은 시간을 공부하고 기도하면서 하나님께 어느 것이 옳은지 물었습니다. 그러나 5년간의 고심 끝에도 양쪽 주장을 모두 옹호할 수 있었으므로 정답을 얻은 것은 아니었습니다. 상반되는 진리가 둘 다 맞을 수는 없다는 것쯤은 저도 알고 있었으니까요.

마침내 어느 날 하나님께서 제게 말씀하셨습니다. "둘 다 옳지 않다." 저로서는 생각지도 못했던 답이었습니다. 그동안 제가 하나님께 선택하실 답을 제한해서 드렸던 것입니다. "하나님, (1) 한 번 구원은 영원하다. (2) 구원받았다 – 잃었다, 다시 받았다 – 잃었다. 이 둘 중에 어떤 것이 답입니까?" 저는 "(3) 둘 다 아니다."라는 선택사항을 하나님께 드리지 않았던 것입니다.

이렇게 우리의 질문 자체가 너무나 멍청하다는 것이 문제입니다. 베드로를 예로 들어봅시다. 예수님은 베드로에게 '배 밖으로 나와 물 위를 걸으라'고 하지 않으셨습니다. 그것은 베드로가 제안한 것이었습니다. "만일 주시거든 물 위로 주께 오라고 내게 명하소서."(마 14:28-29)

이 말에 예수님이 뭐라고 하실 수 있겠습니까? "안 돼, 베드로야! 나 아니야. 오지 마."라고 하시겠습니까? 베드로의 그러한 질문에 예수님이 뭐라고 대답하실 수 있겠습니까? "오라."고

하실 수밖에 없습니다. 왜냐하면 베드로는 "만일 주님이시거든, 나를 오라 하소서"라고 했고 그분은 주님이시니 "오라"고 하실 수밖에요.

베드로는 이렇게 물었어야 했습니다. "주님, 제가 물 위를 걸을 만한 영적인 준비가 되었습니까?" 만약 그랬다면 예수님께서 다른 답을 하셨을지 모릅니다. 예수님은 베드로가 질문한 것에 따라 대답하신 것입니다.

저의 친구인 존John 역시 잘못된 질문을 한 좋은 예입니다. 그는 오랫동안 대학에 가기 위해 기도하고 있었는데 그러던 중에 오클라호마 침례대학OBU의 장학생 자격을 받게 되었습니다. 그는 하나님께서 그 학교에 가라고 말씀하신 것으로 굳게 믿었습니다. 그런데 그가 그 대학에 다닌 지 얼마 되지 않아 하나님께서는 그에게 거기를 떠나 제가 목회를 하고 있던 텍사스의 시거빌Seagoville로 가서 제가 목양하던 교회에 참석하면서 좀 더 성숙해지라고 하셨습니다.

존은 그것에 대해 불만을 토로했습니다. "하나님, 그건 아니지요. 저는 4년 전액 장학생이에요. 이것이 저의 계획이었고 기도도 했고 당신께서 이곳으로 가라고 말씀하셨잖아요. 이제 제가 여기 도착한 지 6주밖에 안 됐는데 모든 걸 버리고 그런 곳으로 가라고요?"

제가 목회하던 시거빌이 땅끝은 아니었지만 '땅끝 바로 옆'이라고 할 수 있을 만한 곳이었습니다! 그래서 그는 그것을 두고 3~4개월간 씨름한 끝에 마침내 어느 날 하나님께 물었습니다. "하나님, 시거빌에 가는 것이 진정 하나님 뜻이라면 왜 제가 여기 오기 전에 미리 말씀하지 않으셨나요?"

그러자 하나님께서 이렇게 말씀하셨습니다. "존, 네가 나에게 주었던 두 가지 선택 사항, 버클리와 OBU 중에서는 OBU가 최선이었단다. 그러나 만약 '제가 어디로 가기를 원하십니까?'라고 물었다면 나는 시거빌로 가라고 말해주었을 것이다." 이렇듯 우리가 하나님께 충분한 선택의 여지를 드리지 않거나 아예 잘못된 질문을 한다는 것이 문제입니다.

저도 그런 기도를 했던 것입니다. "하나님, 어떤 것이 옳습니까? 한 번 구원은 영원한 구원입니까? 아니면 구원받았다 – 잃었다, 다시 받았다 – 잃었다 하는 것입니까?"

그러자 "둘 다 아니다."라고 말씀해 주신 것입니다. 그래서 저는 그 부분에 대한 말씀을 공부하기 시작했습니다. 그것에 관해 굉장히 상세하게 이야기할 수 있지만 여기서는 그 해답에 대해 간단히 설명하고자 합니다.

균형 잡기

저는 이 두 가지 다 각각 하나의 진리를 가지고 있다고 믿습니다. 일단 우리의 영이 거듭나면 영은 영원한 속죄를 받은 것입니다. 우리의 영은 성화되었고 영원히 완전하게 되었으며 죄를 지을 수 없습니다. 그렇기 때문에 죄가 그 사람을 지옥으로 보내지는 못합니다.

죄는 우리의 구원을 침해하거나 무효로 만들 수 없습니다. 종교가 '용서받을 수 없는 죄'라고 부르는 죄를 지어 은혜에서 떨어진 뒤 구원을 잃어버렸다가 다시 "영접기도"를 반복하여 또다시 거듭나는 것이 아닙니다.

성경이 가르치는 것은 거듭남이지 **거듭해서** 거듭나는 것이 아닙니다. 성경이 가르치는 것은 단 한 번의 거듭남입니다! 새로 태어나는 것은 **단 한 번**밖에 없습니다. 사람은 여러 번 거듭날 수 없습니다. 성경 말씀은 이것에 대해 명백하게 말합니다.

한 번 빛을 받고 하늘의 선물을 맛보고 성령님께 참여한 자가 되고 하나님의 선한 말씀과 오는 세상의 권능을 맛본 자들이 만일 떨어져 나가면 다시 그들을 새롭게 하여 회개에 이르게 함이 불가능하니 그들은 자기들을 위해 하나님의 아들을 새로이 십자가에 못 박아 드러내 놓고 그분을 모욕하느니라.

히브리서 6:4-6, 킹제임스 흠정역

이 성경 구절은 만약 어떤 사람이 구원을 거절하면 다시 새롭게 하는 것은 불가능하다고 합니다. 그렇기 때문에 거듭났다가 구원을 잃었다가 다시 거듭나는 것은 없습니다.

어떤 사람들은 구원에 관해 말할 때 "될 때까지 기도하라"는 말을 사용하곤 합니다. 그들은 거듭난 사람들이지만 자신이 하나님의 은혜로부터 떨어졌다고 믿는 사람들로서 그 상태에서 죽는다면 지옥에 갈 것 같다고 **느낍니다**. 그래서 다시 구원을 받았다고 **느껴질 때까지** 기도를 합니다.

그것은 속박입니다! 그것은 많은 사람들을 정죄한 이단적 교리이며 하나님에게서 온 것이 아닙니다. 성경 말씀은 우리가 구원을 받았다 잃었다, 다시 받는 것이 아니라고 분명하게 말합니다.

반면 저는 한 번 구원이 영원하다고 믿지는 않습니다. 구원을 받았다가 받은 그 구원을 파기할 수 있습니다. 하지만 구원을 받았다, 잃었다, 다시 받는 것은 아니라고 믿습니다.

제가 이렇게 믿는 이유는 믿는 우리를 지옥으로 보내는 것은 죄가 아니기 때문입니다. 만약 죄가 우리를 지옥에 보낸다면 어떤 죄 때문에 구원을 잃어버릴까요? 대부분의 사람들은 또 이렇게 말할 것입니다. "큰 죄죠." 그러나 죄 때문에 구원을 잃어버린다면 어떤 죄라도, 심지어 과식이나 남의 말 하는 것까지 구원을 잃어버리게 할 것이기 때문에 그 누구도 다시 구원받을 수는 없을 것입니다. 죄가 우리로 하여금 구원을 잃게 하지는 않습니다.

상반되는 이 양쪽의 주장을 조화롭게 하는 답은 **인간의 자유의지**에서 찾을 수 있습니다. 그 어느 누구도 구원을 강요받지 않습니다. 구원받은 사람들은 자신의 자유의지에 의해 구원을 받은 것입니다. 또한 **하나님은 우리를 구원받은 상태에 강제로 머물게 하지도 않으십니다.** 비록 죄 때문에 구원을 잃지는 않지만 우리는 자신의 자유의지에서 나오는 행동으로 구원을 **파기**할 수는 있습니다. 의지적으로 구원을 파기하고 떨어져 나가는 것은 가능합니다. 여러 성경 말씀들이 이것을 증거하고 있습니다.

그 중에 하나가 히브리서 6장 말씀입니다. 만약 4~5절에서 말하는 일들을 하고 나서 떨어져 나가면 다시 그들을 새롭게 하여 회개에 이르도록 하는 것은 불가능하다고 합니다. 저는 이 구절에 나오는 경우가 가설이라고 가르치는 것을 많이 들어

봤습니다. 그렇게 가르치는 사람들은 이들을 다시 새롭게 하여 회개에 이르게 하는 일은 사실상 일어날 수 없다고 하면서 그 이유는 그들을 회개케 하려면 예수님께서 다시 십자가에 달리셔야 하기 때문이라고 했습니다.

그러나 그것은 이 구절이 말하는 바가 아닙니다. 이 구절은 '떨어져 나가는(개역개정에는 "타락한"으로 번역됨 / 역자 주)' 사람에 관한 것입니다. 어디선가 떨어져 나가려면 먼저 어디엔가 붙어 있었어야 합니다. 자기에게 없는 것을 잃어버릴 수는 없으니까요. 히브리서가 설명하고 있는 것은 떨어져 나간 사람들과 믿음의 원수가 된 사람들에 관한 것입니다.

우리가 진리를 아는 지식을 받은 후 짐짓 죄를 범한즉 다시 속죄하는 제사가 없고 오직 무서운 마음으로 심판을 기다리는 것과 대적하는 자를 태울 맹렬한 불만 있으리라 모세의 법을 폐한 자도 두세 증인으로 말미암아 불쌍히 여김을 받지 못하고 죽었거든 하물며 하나님의 아들을 짓밟고 자기를 거룩하게 한 언약의 피를 부정한 것으로 여기고 은혜의 성령을 욕되게 하는 자가 당연히 받을 형벌은 얼마나 더 무겁겠느냐 너희는 생각하라   히브리서 10:26-29

이 구절은 진리에 관한 지식을 받은 후에 의도적으로 죄를 지을 뿐만 아니라 또한 **"하나님의 아들을 짓밟고"** 언약의 피를 **"부정한 것"**으로 여기는 사람들에 관한 것입니다! 즉 단순히 죄에 빠진 그리스도인이 아니라 예수님과 구원에 대적하여 완전히 등을 돌린 사람들에 관해 말하고 있는 것입니다.

구원받은 사람이 죄 때문에 지옥에 갈 수도 있는가?

이 주제는 중요합니다. 주의하여 듣지 않으면 지금까지 나눈 모든 것이 허사가 됩니다. 구원을 잃어버리지 않으려면 어느 정도 수준의 외적 거룩함을 유지해야 하고 그렇지 않을 경우엔 지옥에 간다고 생각한다면 그것은 율법의 속박, 즉 하나님의 축복을 행위로 얻어야 하는 상태로 즉시 들어가는 것이며 그것은 말 그대로 형벌입니다. 그럴 경우 자기가 자신의 구원자가 되어서 예수님이 하신 일이 아닌 자신의 선함에 근거하여 하나님께 인정받으려고 할 것입니다. 그러나 구원을 받는 것과 그리스도인으로서 사는 것 둘 다, 주 예수님의 희생에 근거한다는 사실을 알아야 합니다.

우리는 언젠가 하나님 앞에 설 것입니다. 그때 하나님께서

'천국에 들어오기에 합당한 어떤 일을 했느냐'고 물으신다면 우리가 할 수 있는 말은 예수 그리스도의 보혈만을 의지한다는 것입니다. 교회에 빠지지 않았다, 십일조를 했다, 그런 것들이 아닙니다. 그럼에도 불구하고 사탄에게 우리를 지배할 권한을 주지 않기 위해 거룩한 삶을 살 필요가 있습니다. 습관적인 죄에서 오는 가장 파괴적인 결과는 **우리 마음이 영적으로 완고(강퍅)해지는 것**이기 때문입니다. 거리낌 없이 드러내놓고 죄 가운데 살면 우리의 마음은 성령님과 하나님의 말씀에 대해 완고해집니다.

> 형제들아 너희는 삼가 혹 너희 중에 누가 믿지 아니하는 악한 마음을 품고 살아 계신 하나님에게서 떨어질까 조심할 것이요 오직 오늘이라 일컫는 동안에 매일 피차 권면하여 너희 중에 누구든지 죄의 유혹으로 완고하게 되지 않도록 하라 우리가 시작할 때에 확신한 것을 끝까지 견고히 잡고 있으면 그리스도와 함께 참여한 자가 되리라   히브리서 3:12-14

죄는 우리를 미혹하며 하나님과 다른 사람들에 대한 우리의 마음을 강퍅하게 합니다. 또한 죄로 인해 사람들의 마음이 강퍅해져서 예수님과 구원을 더 이상 원치 않는 지경에 이를 수 있다고 하나님의 말씀이 증거합니다. 하나님께서 사람들에게 억지로 구원받도록 하지 않으시듯 사람들에게 억지로 구원을 유지하도록 하지도 않으십니다. 구원을 "잃어버리는 것"은 불가능하지만 미혹되어 마음이 강퍅해지면 구원을 파기할 수는 있습니다!

예를 들어 교회를 가지 않는 죄에 대하여 말해봅시다. 우리가 교회에 가는 이유는 하나님께서 출석 체크를 하시면서 우리가 교회에 갈 때만 축복해 주시기 때문이 아닙니다. 믿음을 세워줄 사람들과 어울리기 위하여 교회에 가는 것입니다. 집에서 TV만 보고 앉아 있으면 들어야 할 것들을 들을 수 없고 우리의 마음은 하나님에 대해 점점 강퍅해질 것입니다.

우리의 마음이 죄의 미혹으로 인해 강퍅해지면 우리는 하나님의 인도하심에 무뎌지고 둔감해집니다. 그리고 하나님과 그분의 보호하심으로부터 점점 더 멀어집니다. 그러면 하나님의 말씀과 성령님의 인도하심에 순종하는 것이 더 이상 중요하지 않게 됩니다.

이렇듯 어떤 죄나 또는 여러 가지 죄의 조합은 우리의 마음을 강퍅하게 할 수 있습니다. 만약 지속적으로 죄를 지으면 점점 더 깊숙이 그 안으로 빠져들어 가게 되어 하나님을 찾고 알고자 하는 소원함이 점차적으로 시들어집니다. 그 결과 죄가 주는 즐거움에 더 강하게 사로잡혀 그 죄를 단념하기가 힘들어집니다.

극단적인 경우, 죄에 너무나 미혹되어서 마침내 성령님의 찔림을 전부 다 거절하고 예수님께 사라지라고 말하게 될 수도 있습니다. 이것은 믿는 자들이 의도적으로 죄 가운데 살 때 실제로 일어날 수 있는 심각한 결과입니다.

믿는 자들이 자신의 마음을 강퍅하게 하여 양심에 화인을 맞는 것이 궁극적으로는 가능하다는 뜻입니다. 그들은 자신들이 무슨 짓을 하고 있는지 더 이상 제대로 인식하지 못하게 됩니다. 심지어 자신들의 죄가 괜찮다고 생각하기도 합니다. 이렇게 죄에 사로잡히면 사탄은 주 예수그리스도에 대한 그들의 믿음을 파기하라고 유혹합니다.

죄 때문에 지옥에 가지는 않겠지만 그들의 죄는 하나님과의 사귐에서 아주 멀리 떨어지게 하여 결국에는 하나님보다 사탄에게 더 민감하게 반응하도록 만듭니다. 그렇게까지 된 사람들은 이렇게 말할 수도 있습니다. "나는 이 구원을 파기한다. 예수는 내 인생에서 사라지고 더 이상 내 삶에 간섭하지 마!"

그렇게 예수 그리스도를 통한 구원을 스스로 파기하면 결국 지옥에 갑니다. 그들의 죄 때문에 하나님께서 그들을 지옥으로 보내시는 것이 아닙니다. 그들이 스스로 구원을 내던져 버리고 자신들의 자유의지로 구원을 파기하는 것입니다. 그렇게 하면 그들을 새롭게 하여 회개하게 할 수 없다고 성경은 분명히 말합니다.

우리는 영원한 구원을 받았습니다. 우리의 구원은 우리가 원하는 한 보장받지만 그렇다고 해서 영적으로 잠들어서는 안 됩니다. 죄와 장난을 치면서 그 안에 거할 수는 없는 노릇입니다. 사탄이 우리를 타협하게 만들 것이 뻔하기 때문입니다.

죄 가운데 살고 있는 사람은 자신을 죄에게 판 것입니다. 그렇게 되면 영적인 보고寶庫에 접근하지 못할 가능성이 매우 높습니다. 영적인 보고에 접근하는 것은 우리의 삶을 주님께 내어드리는 것을 요구하기 때문입니다. 죄에게 자신을 판 사람들은 누군가 머리에 총을 겨누면서 "예수를 부인하지 않으면 죽이겠다."라고 할 때, 자기 목숨을 부지하기 위해 주님을 부인할 것입니다. 왜냐고요? 지금도 죄를 짓기 위해 예수님을 부인하고 있기 때문입니다. 어쩌면 돈, 섹스, 마약이 너무 좋아서 예수님을 한쪽으로 밀치고, 또 밀치고 있을 수도 있습니다. 그러다 보면 결국 주님을 완전히 거절하게 될 가능성도 있습니다.

사람들은 때로 너무나 근시안적이라 지옥이 가까움을 보지 못합니다. 제가 지금까지 설명한 일이 실제 일어난 적도 있습니다. 어떤 치유 사역자가 있었습니다. 그의 사역을 통해 기적적으로 치유를 받은 사람들이 있었습니다. 제 친구 아들이 그 사역자와 아는 사이였는데 친구 아들이 말하길 그 사역자는 분명 거듭난 사람이었고 하나님께서 주신 사명이 있었으며 성령의 초자연적 은사를 사용하여 사역했던 사람이라고 했습니다. 그러나 그는 부와 명예 때문에 하나님으로부터 돌아섰고 육신적인 것들을 얻기 위해 하나님을 버렸습니다. 그는 이제 하나님의 존재까지 부인한다고 합니다! 만약 이것이 사실이라면 그는 자신의 믿음을 파기하고 떨어져 나간 자의 예입니다. 그러나 이런 일은 매우 드물게 일어난다는 것으로 인해 하나님께 감사드립니다.

천국을 잃는 조건

누군가 이렇게 말할 수도 있습니다. "당신의 주장을 받아들일 수 없습니다. 그것이 사실이라면 나도 이미 주님을 거절한 게 됩니다. 거듭난 이후에 너무 힘든 적이 있었는데 그때 주님께 등을 돌리고서 죄로 돌아갔었어요. 당신은 회개하는 것이 불가능하다고 하지만 나는 회개했고 하나님은 저를 받아 주셨습니다."

그러한 경우에 대해 완전히 이해하려면 히브리서 6장 4-5절에 나와 있는 조건을 봐야 합니다.

> 한 번 빛을 받고 하늘의 선물을 맛보고 성령님께 참여한 자가 되고 하나님의 선한 말씀과 오는 세상의 권능을 맛본 자들이
>
> (킹제임스 흠정역)

모든 사람이 예수님을 거절할 수 있거나 떨어져 나갈 수 있는 것은 아닙니다. 그렇게 되려면 어떤 조건을 충족해야 합니다. 성경은 그 사람이 빛을 받았어야 한다고 말합니다. 이것은 하나님께서 자신을 그들에게 나타내신 것을 설명한다고 생각합니다. **"하늘의 선물을 맛보고"** 는 구원의 선물에 대하여 말하는 것입니다. **"성령님께 참여한 자"** 가 된다는 것은 성령의 세례를 받고 방언을 하는 사람들을 말합니다. **"하나님의 선한 말씀을 맛본 자"** 는 하나님의 말씀 안에서 자라고 성숙해 가면서 하나님 말씀의 계시 지식을 가진 사람들을 의미합니다. **"오는 세상의 권능"** 을 맛봤다는 것은 성령의 은사가 그들을 통해 초자연적으로 나타났음을 의미합니다.

즉 이 구절은 성숙한 그리스도인들에 대해 묘사하고 있습니다. 자신이 하는 일이 어떤 결과를 가져오는지 정확하게 아는

성숙한 그리스도인들만이 떨어져 나가는 선택을 하거나 예수님을 거절하고 구원을 파기할 선택권이 있습니다.

예를 들어 제 아들이 어린 나이에 화가 나서 "아빠 싫어! 아빠 아들 안 할 거야. 나는 더 이상 워맥 집안사람이 아니야. 호적에서 내 이름 파고 집 나갈 거야."라고 했다고 해서 제가 그렇게 하도록 허락하지는 않을 것입니다. 그 아이는 자기가 무슨 짓을 하고 있는지 모르니까요. 그리고 아직 어린아이이기 때문에 법적으로도 그렇게 할 자격이 되지 않습니다.

아이들이 어리면 법적으로 부모와 관계를 끊을 수 없습니다. 그러나 30세의 성인이라면 성도 바꿀 수 있고 법적으로 부모와 관계를 끊을 수도 있고 부모가 그들을 다시는 보지 못하도록 접근금지명령을 신청할 수도 있습니다. 법이 그것을 보장합니다. 자신의 자유의지에 따라 관계를 끊을 수 있는 나이에 이른 것입니다.

성장한 뒤에도 부모와 자식 간이란 사실은 바꿀 수 없지만 차후의 관계를 어떻게 유지할지는 분명 바꿀 수 있습니다. 그렇게 할 자유의지를 가졌으며 법적으로도 가능한 연령이 된 것입니다. 또 그들은 자신이 하는 일이 어떤 결과를 가져올지 잘 알고 있습니다.

저도 여덟 살 때 집을 뛰쳐나간 적이 있습니다. 얼마 가지 않아서 부모님이 나를 못 찾을까 봐 걱정이 됐습니다. 다시 집으로 돌아가고 싶었지만 다시 돌아가 부모님께 그렇게 말을 할 수는 없었습니다. 그래서 부모님이 저를 잡을 수 있도록 일부러 철조망에 걸렸습니다. 집을 나온 지 2~3분 만에 마음이 바뀐 것입니다. 그것은 진짜로 제가 원했던 것이 아니었으니까요. 제가 무슨 짓을 하는지도 몰랐습니다.

어떤 사람들은 신앙적인 성숙을 이루는 것이 너무 힘들어서 그것 때문에 스트레스를 받고 하나님을 위해 살지 않기로 결정한 뒤 죄로 돌아가는 등 온갖 일을 저지릅니다. 그러나 그들은 하나님에 대해 충분히 알지 못하기 때문에 하나님 앞에 책임질 위치에 이르지 못했습니다. 그렇기 때문에 그런 경우엔 회개하고 다시 주님께로 돌아올 수 있는 것입니다.

> 또한 그들이 마음에 하나님 두기를 싫어하매 하나님께서 그들을 그 상실한 마음대로 내버려 두사 합당하지 못한 일을 하게 하셨으니　　　　　　　　　　　　로마서 1:28

이 구절은 상실한 마음에 대해 말하고 있습니다. 상실한 마음이란 자신의 구원을 거절하거나 파기하여 구원받은 상태로 다시 돌아갈 마음이 전혀 없는 상태에 대한 성경적 용어입니다. 성경 말씀에 따르면 그런 사람들은 하나님을 생각하기 싫어하며 하나님께서는 그러한 사람들을 상실한 마음에 내버려 두십니다. 즉 어떤 찔림도 없이 양심이 마비된 상태를 말합니다.

예수님께서는 아버지께서 이끌지 않으시면 아무도 그분께로 올 수 없다고 말씀하셨습니다(요 6:44). 그렇게 볼 때, 상실한 마음에 내버려 두셨다는 것은 하나님께서 더 이상 그들을 이끌지 않으신다는 뜻입니다. 그들이 하나님을 거절했기 때문에 하나님도 그들을 더 이상 이끌지 않으시는 것입니다.

이런 사람들은 양심에 가책이 없습니다. 자신들이 지옥에 간다는 사실도 알지만 상관하지 않습니다. 더 이상 가책을 받지 않기 때문입니다. 그들에게 회개란 없습니다. 자신들의 죄를 슬퍼하지도 않습니다. 너무나 강퍅해져서 더 이상 하나님의 존재를 인정하지 않습니다. 그래서 히브리서 6장에 나오는 그런 일을 한 사람들은 자신의 상실한 마음에 대해 신경 쓰지 않습니다. 그들은 더 이상 하나님과 예수님 그리고 구원에 관심이 없습니다.

어떤 분들은 이렇게 생각하고 있을지도 모릅니다. **"저도 그런 짓을 한 것은 아닐까요? 저도 그렇게까지 하나님께 죄를 지은 것은 아닐까요? 저도 구원을 파기한 것은 아닐까요? 제가 버려진**

것입니까?" 자신이 그럴 수도 있지 않을까 하고 생각하고 있다는 것만 보더라도 당신은 절대 구원을 잃어버리지 않았다는 **것이 확실합니다!**

하나님께 찔림을 받고 있고, 회개하여 하나님께로 돌아가려는 소원함이 있고, 마음이 하나님께 이끌리고 있다면 그런 사람은 버려지지 않았으며 예수님과 구원을 파기한 것이 아닙니다.

그럼에도 불구하고 제가 이것을 언급하고 있는 이유는 구원을 파기하는 것이 가능하기 때문입니다. 구원을 파기하는 것에 대한 성경 구절들이 있으니까요. 하지만 그것은 실수나 우연히 일어날 수 있는 일이 아닙니다. 또한 결코 죄 때문에 일어나는 일도 아닙니다.

구원을 강제로 받지 않듯이 구원받은 상태에 강제로 머무는 것도 아닙니다. 그래서 자신의 신앙고백에서 흔들리지 말고 굳게 잡고 지켜야 합니다. 그리고 성숙한 그리스도인이 주 예수 그리스도를 믿는 믿음을 파기하면 구원을 버리는 것이 가능합니다. 즉 **구원을 빼앗기지는 않지만** 히브리서에 언급된 조건이 충족되면 **자신의 의지로 버릴 수는 있습니다.**

예수 안에 자유로운 삶

우리 대부분은 자기 자신에 대해 바른 시각을 갖지 못했기 때문에 하나님께서 보시기에 자신이 의롭고 순결하고 거룩하다는 것을 알지 못합니다. 영원한 속죄를 알지 못해서 그렇습니다. 자신의 영이 원래 모습보다 못하다고 생각합니다. 자신이 더러워졌다고 생각하며 자신을 그렇게 여기면서 하나님 앞에 나아갑니다.

우리의 육은 죄로 인해 더러워지는 것이 맞습니다. 그래서 요한일서 1장 9절은 이렇게 말합니다. "만일 우리가 우리 죄를 자백하면 그는 미쁘시고 의로우사 우리 죄를 사하시며 우리를 모든 불의에서 깨끗하게 하실 것이요" 거듭난 이후에는 구원을 유지하거나 하나님과의 관계를 다시 세우기 위한 목적으로 죄를 고백하고 용서를 받을 필요는 없습니다. 만약 그렇게 해야 한다면 실수로 죄를 하나 놓치고 고백하지 못할 땐 어떻게 되는 것입니까? 우리가 저지른 죄를 모두 다 고백할 수 있다고 생각하는 것 자체가 말이 안 되는 것 아닐까요? 만약 그렇다면 죄를 하나라도 고백하지 못할 때에는 지옥으로 직행하기 때문에 무슨 죄를 고백하고 무슨 죄를 아직 고백하지 못했는지 전부 적어놔야 할 것입니다.

요한일서 1장 9절은 물리적 영역에 대한 것입니다. 우리가 죄를 고백하면 정결해지는 것이 맞습니다만 그것은 **하나님과의 사귐의 질**을 회복시켜 주는 것입니다. 죄를 지었을 때도 하나님과 우리의 **관계**는 항상 동일합니다. 그러나 믿는 자가 죄 가운데 살 때 일어나는 문제가 있습니다. 죄로 인해 자신을 사탄에게 내어주게 되며 그 결과 사탄은 합법적인 권한을 가지고 우리를 지배한다는 것입니다.

> 너희 자신을 종으로 내주어 누구에게 순종하든지 그 순종함을 받는 자의 종이 되는 줄을 너희가 알지 못하느냐 혹은 죄의 종으로 사망에 이르고 혹은 순종의 종으로 의에 이르느니라
>
> 로마서 6:16

육신이 죄에게 순종하면 무슨 일이 일어날까요? 사탄에게 문을 열어주면 어떻게 될까요? 이런 일이 벌어진 뒤에는 어떻게 처리해야 할까요? 그럴 때에는 자신의 죄를 고백하고 이렇게 기도해야 합니다. "아버지 저의 모든 죄를 고백합니다. 용서해 주세요." 이것은 다시 구원을 받거나 다시 거듭나려고 용서를 구하는 것이 아닙니다. 거듭난 사람의 영은 이미 정결하며 영원히 거듭났습니다. 죄를 고백하는 것은 그것을 통해 하나님과의

친밀함을 회복하고 마귀를 쫓아내기 위함입니다.

거듭난 사람의 죄는 과거, 현재, 미래의 모든 죄를 포함하여 하나님께서 전부 다 용서하셨습니다. 이렇게 질문하실 분들도 있을 것입니다. "아직 짓지 않은 죄를 어떻게 용서하실 수 있습니까?" 만약 하나님께서 아직 짓지 않은 죄는 용서하실 수 없다면 큰일입니다. 왜냐하면 예수님께서 2,000년 전에 우리의 죄를 위해 돌아가셨을 때 우리 중에 그 어느 누구도 아직 죄하나 짓지 않았을 때니까요!

거듭난 사람의 영은 모든 죄를 용서받았고 절대적으로 완전합니다. 우리가 죄를 지으면 고백을 해야 하지만 그것은 다시 구원을 받기 위함이 아닙니다. 우리가 죄를 고백하는 이유는 하나님과의 사귐을 다시 회복하기 위함입니다. 그러나 죄는 하나님과의 관계에 아무런 영향을 미칠 수 없습니다.

예수 그리스도 안에 있는 자신의 정체성을 깨달으면 은혜의 보좌로 담대하게 나아갈 수 있습니다. 부족함이 없는 자신의 가치를 알았기 때문입니다. 문제가 아무리 커도 상관없고 죄가 아무리 끔찍해도 상관없습니다. 아무리 심각한 질병에 걸려도 상관없고 아무리 센 마귀가 공격해도 문제 될 것이 없습니다. 하나님께서 우리 곁에 계시기 때문입니다.

내가 확신하노니 사망이나 생명이나 천사들이나 권세자들이나 현재 일이나 장래 일이나 능력이나 높음이나 깊음이나 다른 어떤 피조물이라도 우리를 우리 주 그리스도 예수 안에 있는 하나님의 사랑에서 끊을 수 없으리라   로마서 8:38-39

05

성도를 향한 하나님의 은혜

> 그러므로 먹고 마시는 것과 절기나 초하루나 안식일을 이유로 누구든지 너희를 비판하지 못하게 하라 이것들은 장래 일의 그림자이나 몸은 그리스도의 것이니라   골로새서 2:16-17

구약은 다가올 것들의 그림자에 불과했습니다. 이 성경 구절에 따르면 하나님께서 바라신 것은 몸이지 그 몸의 그림자가 아니었습니다. 하나님이 옛 언약 아래에서 사람들을 대하셨던 방법은 하나님께서 정말 원하셨던 방식이 아니었습니다. 그러면 이렇게 질문할 사람도 있을 것입니다. "그러면 하나님은 왜 그렇게 하셨나요? 하나님은 원하시는 대로 다 하실 수 있잖아요!"

그것에 대해 많은 시간을 들여 설명할 수도 있지만 여기서는 간략하게 말씀드리고자 합니다. 일어나는 모든 일이 하나님의 뜻은 아닙니다. 하나님께서 사람들에게 자유의지를 주셨기 때문입니다. 아담에게 세상을 다스리라고 하셨을 때(창 1:26, 28) 하나님은 우리에게 엄청난 분량의 권세를 내주신 것이며 그렇기 때문에 하나님의 계획을 망쳐놓은 것은 바로 사람입니다.

에덴동산에 죄를 가져온 것은 하나님이 아닙니다. 우리가 중세 암흑기를 겪은 것도 하나님의 계획이 아닙니다. 스페인 교회(가톨릭)가 이단 종교재판을 열어 하나님을 믿는 사람들이 순교 당한 것도 하나님의 계획이 아닙니다. 하나님은 그러한 사건들을 지휘하지 않으셨으며 우리에게 일어나는 모든 일을 통제하지도 않으십니다. 이 세상에는 사탄과 그를 따르는 사람들에게 주어진 영역이 있기 때문에 악한 힘이 작용하고 있고 그로 인해 하나님의 온전하신 뜻이 나타나지 않은 때가 있었다고 확신할 수 있습니다.

그럼에도 불구하고 하나님의 전체적인 뜻은 **결국** 나타날 것입니다. 하나님께서 이 땅의 큰 전쟁을 이기실 것입니다. 그것은 의심할 여지가 없습니다! 하나님의 말씀을 전달하기 위해 또 나귀를 쓰셔야 한다면 그렇게 하실 것이고 예수님은 승리 가운데 재림하실 것입니다. 그러나 제가 전달하고자 하는 바는 하나님은 사람들을 통해 일하시며 하나님께서 이루고자 하시는 일을 사람들이 방해하고, 지연시키고, 막을 수 있다는 것입니다. 결국 하나님의 뜻이 이루어지는 것을 완전히 막을 수는 없겠지만 중간에 방해는 할 수 있습니다. 특히 자기 자신의 삶에 하나님의 뜻이 이루어지는 것을 막는 것은 가능합니다. 하나님의 뜻은 저절로 이루어지는 것이 아니기 때문입니다.

하나님께서 허락하지 않으시면 어떤 일도 일어나지 않는다고 믿는 사람들은 제가 이 내용을 설교할 때 극도로 화를 냅니다! 그러나 저는 그 사람들이 왜 화를 내는지 이해할 수가 없습니다. 그 어떤 누구도 하나님께서 허락하시지 않은 일을 할 수 없다면 저 역시 하나님의 허락 없이 이 주장을 할 수 없을 테니까요. 그러니까 모든 일이 하나님에 의해 일어난다고 믿는 사람들은 제가 이것을 가르치는 것이 하나님의 뜻이 아니라고 말함으로써 자신들의 주장을 부인하는 꼴이 됩니다!

사람들이 하는 모든 말과 모든 행동이 하나님의 완전한 지배를 받는 것은 아닙니다. 그렇기 때문에 옛 언약 아래에서는 하나님의 온전한 뜻을 나타내실 수 없었던 것입니다. 하나님의 뜻은 예수님을 통해 온전히 나타났습니다. 옛 언약은 임시방편이었고 예수님이 오실 때까지만 세워진 것입니다. 슬픈 사실은 오늘날 대부분의 그리스도인들이 옛 언약과 새 언약을 분명하게 구분하지 못한다는 것입니다.

구약의 율법이 주어졌을 때 사람들은 죄에 대해 미혹되어 있었습니다. 당시 인류는 죄의 깊이를 몰랐습니다. 율법은 하나님께서 원하신 것이 아니었지만 결국 하나님은 "보라, 너희에겐 도움이 필요하다!"고 말씀하셔야 했습니다. 그래서 그분은 모세의 율법을 주셨으며 그 율법은 사람들이 얼마나 형편없는지 보여주었습니다.

율법은 스스로를 구원하는 것이 절대 불가능하다는 것을 증명해 주었습니다. 율법은 '구원을 받으려면 온전히 하나님만 바라봐야 한다'는 것을 깨닫게 해 주었습니다. 당시 성전에서 드려졌던 짐승의 제사는 십자가 위에서 드려진 예수님의 피의 제사를 예표하는 것이었습니다.

그러나 말씀드렸다시피 율법은 하나님의 참 본성을 보여주지 못합니다. 안식일에 나무하는 사람을 죽이는 것은 하나님이 정말로 원하신 것이 아니었습니다. 또한 여호수아를 통해 가나안을 멸절시키는 것도 하나님이 원하신 것이 아니었습니다. 다만 그곳에서 행해지는 죄가 너무나도 끔찍했기 때문에 하나님의 완전한 기준을 행사하기로 결정하신 것입니다. 죄가 얼마나 치명적인 것인지 보여주시기 위해 율법의 조문을 집행하신 것입니다. 그 결과 죄는 어떤 형태로든 하나님께 용납될 수 없다는 것이 분명해졌습니다.

율법을 집행하신 것은 하나님의 본성의 일부를 인류에게 보여주신 것입니다. 그것은 하나님은 거룩하시며 거룩하지 못한 것은 그분의 임재 앞에 설 수 없다는 것이었습니다. 그러나 예수님이 보여주신 것은 하나님의 본성의 일부가 아니라 전체적이고 완전한 모습이었습니다.

> 율법은 모세로 말미암아 주어진 것이요 은혜와 진리는 예수 그리스도로 말미암아 온 것이라   요한복음 1:17

예수님은 신약에서 하나님의 본성을 **완전히** 나타내셨습니다. 예수님은 안식일에 나무를 하는 것보다 훨씬 심한 죄를 지은 간음하다 현장에서 잡힌 여인을 심판하거나 죽이지 않으시고 오히려 긍휼과 용서를 보여주셨습니다. 그것이 하나님의 참 성품입니다. 하나님은 그분의 진정한 모습을 예수님을 통해 나타내실 수 있었습니다.

예수님은 하나님의 은혜를 참으로 나타내셨지만 우리는 그것에 따라 생각을 새롭게 하지 않았습니다. 여전히 율법의 체계 아래에서 하나님을 섬기려고 하면서 이렇게 기도합니다. "하나님, 제가 이런저런 일을 하면 당신은 저에게 상급을 주실 것이고 저의 기도에도 응답하실 것입니다."

은혜에서 떨어지다

우리가 알든 모르든 우리는 모두 율법적인 자세를 조금씩 가지고 있습니다. 이것은 구약적인 태도로서 하나님과 우리의 관계에 스며들어 와 우리 삶의 여러 영역에서 그리스도를 효력 없게 만듭니다. 성경은 이런 사람들을 **"은혜에서 떨어졌다"**고 합니다.

> 보라 나 바울은 너희에게 말하노니 너희가 만일 할례를 받으면 그리스도께서 너희에게 아무 유익이 없으리라 내가 할례를 받는 각 사람에게 다시 증언하노니 그는 율법 전체를 행할 의무를 가진 자라 율법 안에서 의롭다 함을 얻으려 하는 너희는 그리스도에게서 끊어지고 은혜에서 떨어진 자로다
>
> 갈라디아서 5:2-4

"은혜에서 떨어졌다"는 것은 구원을 잃었다는 말이 아닙니다! 더 이상 하나님의 은혜 안에서 행하지 않고 율법을 따라 행한다는 뜻입니다. 즉 자기 자신의 노력과 자기 자신의 능력을 따라 행하는 것을 말합니다. 자기 자신의 노력을 하나님께 정당성으로 제시했기 때문에 예수님을 구원자로 삼지 않는 것입니다.

믿는 자들이 "하나님, 제가 한 일을 보세요."라고 하는 것은,

도움이 필요한 그 영역에서 그리스도를 아무 효력이 없게 만드는 것입니다. 그것이 하나님의 은혜를 제한합니다. 또한 그렇게 할 때, 하나님과의 관계에서도 일정한 거리를 유지하게 되는데 그 이유는 그들 안에 있는 "선악에 대한 지식" 때문입니다. 그것은 율법으로부터 온 지식입니다(롬 3:20 참고).

우리가 악하게 행해 왔거나 충분히 선하지 못했을 때, 율법은 우리로 하여금 하나님께서 우리에게 벌을 주실 거라고 생각하게 만듭니다. 그러나 우리는 예수님의 보혈로 인해 받아야 할 벌을 받지 않게 되었습니다. 할렐루야!

사람들이 늘 하는 말이 있습니다. "이건 불공평해요! 하나님은 다른 사람들의 기도에는 응답하시면서 내 기도는 왜 응답하지 않으시나요? 공정하게 해 주셔야죠!" 이렇게 말하는 사람들은 하나님의 은혜를 이해하지 못한 것입니다. 그들은 공정함을 요구하지만 우리는 하나님의 긍휼로 인해 공정하게 받아야 할 벌을 받지 않은 것입니다. 어떤 면에서 아무것도 받지 못하는 것이 공정함을 받는 것보다 낫습니다. 우리가 받아야 할 것을 공정하게 다 받는다면 우리는 모두 엄청 괴로워질 것입니다!

제가 사역을 시작하기 전에 사진관에서 일한 적이 있습니다. 사진을 찾으러 오는 사람들은 "내 얼굴이 제대로 안 나왔네."라고 하면 사진관 직원들이 농담 삼아 이렇게 말하곤 했습니다.

"제대로 나와선 안 되고 긍휼이 필요한 얼굴이네요!" 하나님께서 예수 그리스도를 통해 우리에게 긍휼을 보이셨습니다. 할렐루야!

많은 사람들이 이렇게 말합니다. "하나님은 왜 나를 치유하지 않으실까? 누구는 새 차도 샀다는데 나는 왜 새 차를 살 수 없는 거야? 그동안 내가 얼마나 봉사도 많이 하고 선한 일을 많이 했는데, 이건 공평하지 않아." 믿는 사람들이 이런 말을 한다는 것은 그들이 하나님을 잘 모른다는 것을 보여줄 뿐입니다. 원하는 것을 얻기 위해 자신의 공로를 의지하는 것이 바로 하나님의 은혜를 제한하는 것입니다.

믿는 자들이 받는 모든 것은 예수님의 희생을 통한 하나님의 은혜로 오는 것이기 때문입니다.

에베소서 1장 3절은 하나님께서 이미 "그리스도 안에서 하늘에 속한 모든 신령한 복을 우리에게 주셨다"고 합니다. 이것은 믿음을 통해 은혜로 오는 것입니다.

> 너희가 믿음을 통해 은혜로 구원을 받았나니 그것은 너희 자신에게서 난 것이 아니요 하나님의 선물이니라. 행위에서 난 것이 아니니 이것은 아무도 자랑하지 못하게 하려 함이라.
>
> 에베소서 2:8-9, 킹제임스 흠정역

기도 응답은 우리의 노력 때문에 오는 것이 아닙니다. 그것을 알지 못한다면 하나님의 은혜를 제한하는 것이고 우리의 필요가 공급되는 것을 막는 것입니다! 기도 응답은 오직 예수님의 보혈로 그 값이 치러졌기 때문에 제공되는 것입니다.

행위가 아닌 믿음으로 의롭게 되다

> 그러므로 우리가 믿음으로 의롭다 하심을 받았으니 우리 주 예수 그리스도로 말미암아 하나님과 화평을 누리자
>
> 로마서 5:1

기본적으로 로마서는 전체에 걸쳐 믿음을 통해 은혜로 받는 구원에 대해 가르치고 있습니다. 우리의 노력을 통해서도 아니고 구약의 율법을 지켜서도 아니며 우리의 선행을 통해서도 아닙니다.

바울은 우리가 믿음으로 의롭게 될 때 우리 주 예수 그리스도를 통해 하나님과 화평하게 된다고 말합니다. 그것이 하나님과 진정으로 화평할 수 있는 **유일한** 길입니다. 그것이 또한 하나님의 임재 안으로 담대하게 들어갈 수 있는 **유일한** 길입니다!

우리는 하나님의 은혜에 대해 확실히 이해하고 또 그것을 믿음으로써 그분의 임재 안으로 들어가는 것입니다.

만약 우리가 우리의 공로에 근거하여 하나님께 나아간다면 하나님께 나아갈 일이 거의 없을 것입니다. 그러나 현실은 대부분 우리의 행함에 따라 하나님과의 친밀함이 결정되곤 하는데 그것은 잘못된 것입니다. 만약 구원이 우리의 행위에 의한 것이었다면 그 어느 누구도 구원받지 못했을 것입니다!

율법을 통해 자신의 죄를 깨달을 수도 있고 하나님의 선하심을 볼 때 죄로 가득한 자신의 상황을 깨달을 수도 있습니다. 그렇게 될 때 구원은 오직 예수님 한 분만을 통해 온다는 것을 깨닫고 주님만을 바라보게 됩니다. 그러나 거듭난 후에는 어찌 된 일인지 하나님께서 나의 거룩함에 비례하여 역사하실 것이라는 생각에 슬며시 빠져듭니다. 하지만 그것은 전혀 사실이 아닙니다!

저에게 치유를 위해 기도를 부탁하는 사람들은 이렇게 말하곤 합니다. "저를 위해 기도해 주세요. 도대체 뭐가 잘못됐는지 모르겠어요. 저는 기도, 금식, 교회 출석, 성경 공부, 십일조 등 해야 할 것은 다 하는데 하나님께서 왜 치유해 주시지 않는지 이해할 수 없어요." 그 말을 통해 왜 치유가 되지 않았는지 잘 알 수 있습니다. 하나님께 치유받기 위해 **자기가 한 일만을** 바라보고 있기 때문입니다. 그 사람들이 진짜 하려는 말은 이것입니다. "하나님, 제가 한 이 선한 일들을 좀 보세요. 이래도 저를 치유해 주지 않으실 건가요?"

하나님께서 우리를 치유하시는 이유는 우리의 공로 때문이 아닙니다. 어떤 이들은 이 말을 듣고 실망할 수도 있고 그동안 쌓아 올린 자신들의 공로 때문에 이 말을 인정하지 않을 수도 있습니다. 그러나 하나님의 기준을 제대로 이해한다면 그 기준을 충족할 사람은 그 어디에도 없다는 것을 알게 될 것입니다! 하나님의 은혜와 긍휼로 인해, 우리의 거룩함이 아니라 예수님의 거룩하심에 근거하여 화평, 기쁨, 형통, 치유 등 그 외에 모든 축복을 주시는 것입니다.

그러면 행위에 근거한 이 가르침은 어디에서 온 것일까요? 놀랍게도 그것은 하나님의 말씀에서 왔습니다. 즉 하나님께서 구약의 율법을 통해 하신 일을 우리가 오해한 것입니다. 다음 말씀을 보면 하나님의 축복이 전부 조건부인 것처럼 보입니다.

> 네가 네 하나님 여호와의 말씀을 삼가 듣고 내가 오늘 네게 명령하는 그의 모든 명령을 지켜 행하면 네 하나님 여호와께서 너를 세계 모든 민족 위에 뛰어나게 하실 것이라 네가 네 하나님 여호와의 말씀을 청종하면 이 모든 복이 네게 임하며 네게 이르리니
>
> 신명기 28:1-2

1절은 하나님의 명령을 모두 지켜야 한다고 말합니다. 일부만 지켜선 안 됩니다. 잠깐만이라도 생각해 보면 이것은 불가능하다는 것을 알 수 있습니다.

그러므로 사람이 선을 행할 줄 알고도 행하지 아니하면 죄니라
야고보서 4:17

죄란 잘못된 일을 하는 것뿐만이 아닙니다. 네 이웃을 네 자신처럼 사랑하라고 하나님께서 말씀하지 않으셨나요? 그렇게 살지 못하는 사람들이 많다는 것을 저는 확신할 수 있습니다! 조금만 생각해 보면 다른 사람들에게 좀 더 잘해줄 수 있었다는 것을 잘 알 수 있습니다.

하나님의 시각에서 죄를 보면 예수님 이외에는 그 누구도 그 말씀을 충족시킬 수 없습니다. 육신과 행동과 업적에 있어서 죄 없는 사람은 아무도 없습니다. 우리는 여전히 과녁을 빗나가고 있는 것입니다. **예수님 외에는 그 어떤 누구도 신명기 28장 1-2절의 말씀을 충족할 수 없습니다. 그런데 자신의 업적이 아니라 예수님께서 하신 일을 믿는 사람들도 이 말씀을 충족할 수 있습니다.** 이것이 바로 로마서 5장 1절이 하는 말입니다. 우리의 공로가 아니라 예수님께서 완성하신 일을 믿음으로써

의롭게 될 때 우리는 하나님과 화평할 수 있습니다.

또 우리가 그분을 통해 지금 서 있는 이 은혜 안에 믿음으로 들어감을 얻었으며 하나님의 영광의 소망을 기뻐하느니라. 다만 이뿐 아니라 우리가 환난 중에도 즐거워하나니 이는 환난은 인내를, 인내는 연단을, 연단은 소망을 이루는 줄 앎이로다 소망이 우리를 부끄럽게 하지 아니함은 우리에게 주신 성령으로 말미암아 하나님의 사랑이 우리 마음에 부은 바 됨이니 우리가 아직 연약할 때에 기약대로 그리스도께서 경건하지 않은 자를 위하여 죽으셨도다 의인을 위하여 죽는 자가 쉽지 않고 선인을 위하여 용감히 죽는 자가 혹 있거니와
       로마서 5:2-7(킹제임스 흠정역)

2절에서 **"하나님의 영광의 소망"**을 기뻐한다고 할 때 이것은 예수님의 재림을 기다리며 그분과 함께 영화롭게 변할 것을 고대한다는 뜻입니다. 우리도 언젠가 예수님의 참모습을 그대로 볼 것이기 때문에 예수님과 같아질 것으로 인해 바울이 하나님을 찬양하고 있는 것입니다.

사랑하는 자들아 우리가 지금은 하나님의 자녀라 장래에

> 어떻게 될지는 아직 나타나지 아니하였으나 그가 나타나시면 우리가 그와 같을 줄을 아는 것은 그의 참모습 그대로 볼 것이기 때문이니
>
> 요한일서 3:2

게다가 바울은 지금의 환난 속에서 즐거워한다고 말합니다. 우리 역시 모든 시련과 환난 속에서 기뻐할 수 있습니다! 여기서 바울은 비교를 하고 있습니다. "가까운 장래의 즐거움과 우리 모두가 천국 갈 때를 생각하며 기뻐할 뿐 아니라 오늘 이 어려운 순간에도 예수님 때문에 내가 완전한 승리자이기에 하나님을 찬양합니다!"

그가 말하고자 하는 요점은 이렇습니다. "하나님께서 우리를 위해 죽으신 사건, 구원을 기억하십니까? 이 때문에 나는 환난 중에도 승리할 것을 확신합니다. 하나님께서 이 모든 일을 나를 위해 이미 이루셨다는 것을 알기 때문입니다."

바울은 자연적 영역의 비교를 통해 이렇게 질문합니다. "당신을 너무 사랑해서 당신을 위해 죽을 수 있는 사람이 있을까요? 만약 당신이 의로운 사람이라면, 당신의 행위가 충분히 선하다면 당신을 위해 죽을 사람을 찾을 수도 있을 것입니다. 그러나 많지는 않을 것입니다. 사람은 그런 존재가 아니거든요."

그리고 로마서 5장 8절에서 바울은 그가 방금 이야기한 것을

대비시킵니다. "우리가 아직 죄인 되었을 때에 그리스도께서 우리를 위하여 죽으심으로 하나님께서 우리에 대한 자기의 사랑을 확증하셨느니라" 즉 하나님께서 우리에게 사랑을 주신 것은 우리의 행위에 기초한 것이 아니라는 것입니다. 우리가 여전히 죄인이었고 심지어 하나님을 미워하고 우리 멋대로 살아가고 있을 때, 즉 우리가 죄 가운데 있을 때 하나님께서는 그분의 값진 선물인 예수 그리스도를 주셨다는 것입니다. 하나님께서 우리에게 예수님을 주신 것은 우리가 자격이 있어서도 아니고 우리의 행위로 얻은 것도 아니며 우리가 죄 한가운데 있었을 때, 하나님께서 우리를 향한 그분의 사랑을 나타내신 것입니다.

더 큰 은혜 안에서 행하기

로마서 5장 9절에서 바울은 그가 말하고자 하는 요점을 이렇게 결론 내립니다.

> 그러면 이제 우리가 그분의 피로 말미암아 의롭게 되었은즉 더욱더 그분을 통해 진노로부터 구원을 받으리니
>
> (킹제임스 흠정역)

즉 우리가 죄인이었을 때 예수님께서 우리를 위해 죽으심으로써 하나님께서 우리에게 그분의 사랑을 보여주셨다는 사실을 받아들일 수 있다면 이제 그분의 보혈로 의롭게 된 우리는 **더욱더** 하나님의 진노로부터 구원을 받을 것이라는 말입니다.

바울이 무슨 말을 하려는지 아시겠지요? 우리가 죄인이었을 때 하나님의 사랑, 긍휼, 용서를 받아들일 수 있었다면 이제 우리는 그분의 자녀로서 하나님의 사랑, 긍휼, 용서를 훨씬 더 많이 받아들일 수 있다는 말입니다!

구원을 받기 위해 하나님 앞에 나아갔을 때보다 이제 그리스도인으로서 우리는 하나님의 은혜 안에서 훨씬 더 자유롭게 행해야 한다는 뜻입니다. 그런데 우리들은 대부분 구원을 받은 이후, 은혜 안에서 훨씬 더 적게 행합니다. 우리가 처음 거듭났을 때 어떻게 했는지 생각해 보면 알 수 있습니다.

당신이 믿지 않는 자였을 때 저에게 기도를 부탁했다고 해봅시다. "저는 거듭나야 합니다. 저를 위해 기도해 주시겠어요?" 그리고 제가 기도를 시작하자 하나님께서 지식의 말씀을 주셔서 이렇게 말했다고 해 봅시다. "당신은 간통을 했군요. 지금도 바람을 피우고 있어요." 그리고 다른 죄도 열거합니다. 그렇다면 당신은 어떻게 반응할까요? "네, 맞아요. 그래서 저는 구원을 받아야 합니다." 당신은 자신을 예수님께만 맡기며 죄를 용서해 달라고 주님께만 온전히 매달릴 것입니다. 예수님은 죄인을 구하러 오셨으니까요. 그래서 죄를 지적한다고 해서 구원받는 것을 막을 수 없는 것입니다. 예수님은 죄에서 우리를 구하러 오신 것이지 우리가 이미 죄를 극복했기 때문에 구하러 오신 게 아니니까요! 구원은 온전히 은혜로 받는 것입니다.

자, 이번에는 그리스도인이 와서 치유를 위해 기도해 달라고 하는데 제가 이렇게 말한다면 어떨까요? "당신은 바람을 피우고 있군요." 이런 상황에서 성령세례를 받고, 방언을 하고, 믿음의 말씀을 아는 사람들은 대부분 뭐라고 하는지 아십니까? "그럴 줄 알았어요. 하나님께서 안 고쳐 주시는 이유가 있었네요. 왜 일이 꼬이는지 이제 알겠어요. 제가 그런 나쁜 짓을 했기 때문이에요."

제가 이런 이야기를 하면 사람들은 굉장히 심각해집니다. **"잠깐만요, 하나님께서 간음하는 사람도 치유해 주신단 말입니까?"** 저의 대답은 이렇습니다. "만약 하나님께서 간음한 사람도 구원하실 수 있다면 치유도 해 주실 거라 믿습니다."

저는 간음이나 그 외에 죄 된 행동들을 용인하는 것이 아닙니다. 제 말은 우리가 구원받기 전에도 하나님의 사랑을 받아들였다면 이제 그분의 자녀로서 하나님의 사랑을 훨씬 더 많이 받아들여야 한다는 말입니다. 우리가 어떤 나쁜 짓을 했느냐와 상관없이 하나님은 우리를 이전보다 더 사랑하십니다. 그러나 우리들은 대부분 하나님이 거듭난 우리들을 거듭나지 않은 사람들보다 훨씬 덜 사랑한다고 믿습니다! 예를 하나 들어보겠습니다.

어떤 믿지 않는 술 취한 사람이 교회에 들어와 거의 쓰러질 지경으로 뒷자리에 앉아 예배드리기 원한다면 대부분의 성령 충만한 그리스도인들은 그에게로 가서 이렇게 말할 것입니다. "형제님, 하나님은 당신을 사랑합니다. 하나님은 형제님에게 더 좋은 삶을 주기 원하십니다. 하나님께서 당신의 삶을 변화시켜 주실 것입니다." 우리는 그 술 취한 사람을 사랑으로 섬기고 그는 거기에 반응할 것입니다. 그가 술 취했음에도 불구하고 우리는 그를 사랑할 것입니다. 그것은 하나님적인 사랑이며 그는 그것에 반응하여 거듭날 것입니다.

그러나 그가 거듭난 후에도 다시 술에 취해 교회에 온다면 어떻게 될지 안 봐도 뻔합니다! 그가 죄인이었을 때, 술 취했을 때도 하나님은 그를 사랑하셨습니다. 그러나 거듭난 후에도 술 취한다면? 대부분의 그리스도인은 그 전에 보였던 무조건적인 사랑을 절대로 보이지 않을 것입니다! 이것은 뭔가 일관성이 없어 보이지 않습니까?

은혜는 잃어버린 영혼만을 위한 것이 아닙니다. 그리스도인들 또한 은혜로 살아야 합니다.

영접할 때와 동일하게 하나님과 동행하기

너희가 그리스도 예수를 주로 영접한 것같이 그분 안에서 행하라. 그분 안에 뿌리를 내리고 세움을 받아
골로새서 2:6-7(전반절), 한글킹제임스

주님께 구원을 받을 때 적용했던 바로 그 원리로 계속해서 주님과 동행해야 합니다. 구원은 우리의 행함 때문에 받은 것이 아닌데 치유는 왜 행함으로 받으려고 합니까? 골로새서 말씀은 영접할 때와 동일한 원리로 하나님과 동행해야 한다고 합니다.

어떤 사람들은 저의 말을 잘못 해석해서 제가 죄짓는 구실을 준다고 주장합니다. 아닙니다! 저는 그런 이야기를 하는 것이 아닙니다. 저는 죄를 미워합니다. 다만 그리스도인이 거룩한 삶을 사는 이유는 하나님의 축복을 받아내기 위함이 아니라는 주장을 하는 것입니다! 하나님의 축복은 우리의 공로가

아니라 예수님에 의해 값이 치러졌고 이미 공급되어 있습니다. 하나님께서 우리 삶 가운데 역사하실 때, 우리의 공로를 따라 역사하시는 것이 아닙니다.

저는 거룩한 삶을 삽니다. 그 이유는 제가 하나님을 사랑하기 때문이고 거룩한 삶을 사는 것이 그분을 기쁘시게 하고 이제 그것이 저의 본성이기 때문입니다. 거룩한 삶을 살아서 구원을 받은 것이 아니듯 하나님께 뭔가를 받기 위해 거룩하게 사는 것이 아닙니다. 우리가 하나님께 뭘 받아서가 아니라 그저 하나님을 사랑하기 원하고, 하나님께 순종하기 원하고, 항상 그분께 가까이 가기 원하는 상태가 되면 그때 비로소 우리는 죄를 극복할 수 있을 뿐만 아니라 하나님의 축복이 우리를 사로잡는 것을 경험하게 됩니다.

거듭나기 전에 혹시 금식하고, 기도하고, 말씀을 공부하고, 교회에 출석하고, 십일조를 했습니까? 아마 그런 것은 전혀 안 했을 것입니다. 그런데 왜 모든 것을 완벽하게 하지 않으면, 예를 들어 성경을 읽지 않았다거나 하면 하나님께서 치유하지 않으실 거라 생각하십니까? 왜 자신이 뭔가 잘못했기 때문에 치유를 받지 못하는 거라고 생각하고 있습니까?

구원은 완벽한 행위에서 오는 것이 아니기에 저는 너무 기쁩니다. 만약 그랬다면 저는 구원받지 못했을 것이고 여러분 또한 그랬을 것입니다. 많은 사람들이 치유를 받지 못하는 원인은 바로 행위 중심의 사고방식 때문입니다.

치유를 받는 것이 거듭나는 것보다 더 쉽다는 것을 아십니까? 거듭날 때는 예수님께서 하신 일에 믿음을 두기 때문에 대부분 문제가 없었던 것입니다. 구원에 관한 모든 것이 예수님께서 하신 일에 근거한다는 것을 알기 때문에 자신의 공로를 근거로 삼지 않았던 것이지요. 이렇듯 구원에 관해서는 대부분 자신들이 한 일에 근거해서 하나님께 접근하지 않습니다.

이렇듯 구원받기 위해 영접 기도를 할 때는 자신의 업적에 비례하여 하나님께 받는다고 생각하지 않습니다. 그러나 치유, 형통, 자유함, 기도 응답 등을 위해 기도할 때는 그들의 공로에 따라 하나님께 응답받을 것이라고 믿는 그리스도인이 많습니다.

제가 이 주제에 관해 설교하고 있었을 때 어떤 사람이 일어나 이렇게 소리쳤습니다. "우리는 십계명을 지키며 거룩한 삶을 살아야 합니다. 그렇지 않으면 하나님께서 우리 삶에 역사하지 않으실 거예요." 만약 누군가 여러분께도 그렇게 말한다면 이렇게 물어보십시오. "당신은 완벽합니까? 지은 죄는 없나요? 삶에 아무런 문제가 없습니까?"

그러면 대부분 이렇게 대답합니다. "음 … 저 … 그런 말은 아니고요, 내가 완벽하다는 건 아니에요. 누구나 다 실수를 하지요." 그런데 그 사람들은 왜 거룩하지 않으면 하나님께서 역사하지 않으실 거라고 말할까요? 그들은 대게 "완벽해야 한다는 것은 아니에요."라고 대답합니다. 즉 그들이 하고자 하는 말은 하나님께서 상대평가를 하신다는 것입니다. 완벽한 사람은 아무도 없지만 그렇다고 하나님이 모두를 거부하실 수는 없는 일이니 어떤 기준을 정해 놓으셨다는 주장입니다. 하나님도 누군가의 기도에는 응답을 하셔야 하니, 상위 10% 정도에겐 응답을 하실 거라고 말입니다. 아마도 그런 사람들은 50점만 맞아도 상위 10%에는 들 거라고 믿는 것 같습니다. 하나님도 누군가의 기도에는 응답을 하셔야 될 거라는 생각이지요. 하지만 성경은 그렇게 말하지 않습니다.

성경은 죄는 다 죄라고 합니다. 야고보서 2장 10절은 말합니다. "누구든지 온 율법을 지키다가 그 하나를 범하면 모두 범한 자가 되나니" 훌륭한 삶을 살다가도 어느 한 부분에서 실수를 하게 되면 하나님으로부터 아무것도 받을 자격이 없게 됩니다! 그것이 바로 이 구절이 말하고자 하는 것입니다.

우리는 이제부터라도 자신이 한 일에 근거해서 하나님께 나아가는 것은 하지 말아야 합니다. 어떠한 필요가 있을 때마다 구원을 받았을 때처럼 예수 그리스도께서 완성하신 일만을 신뢰하며 하나님께 나아가야 합니다.

하나님께 축복받는 방법

저는 기독교 가정에서 자랐고 처음으로 죄에 대해 찔림을 느꼈을 때 회개하고 거듭났습니다. 그때가 여덟 살 때였습니다. 물론 그때 처음으로 죄를 지은 것은 아니었지만 하나님께서 죄에 대해 찔림을 주시는 것을 느낀 것은 그때가 처음이었습니다. 비록 여덟 살이었지만 하나님께 죄를 지었다는 것과 제가 고의적으로 그랬다는 것을 알았습니다. 하나님께서 그것에 대해 저에게 말씀하셨고 저는 회개하고 예수님을 주님으로 고백하여 진정으로 거듭났습니다. 고작 3학년이었는데 그리스도인이라는 이유로 놀림을 당했습니다. 저는 나쁜 짓을 하던 아이도 아니었는데 제가 너무 많이 변했기 때문에 사람들이 제 안의 변화를 알아차린 것입니다. 진정한 변화가 제 안에서 일어났던 것입니다.

저는 침례교(한국의 장로교와 같은 미국의 주요 교단/역자 주)에서 성장했고 부모님도 주님을 알았지만 하나님의 선하심, 은혜, 긍휼 같은 것은 알지 못하셨습니다. 그래서 저는 "거룩하게 살아야 한다. 그렇지 않으면 하나님께서 축복하지 않으셔."라는 말을 망치로 두들겨 맞듯이 들으면서 자랐습니다. 그래서 거듭난 이후 저의 삶 전체가 하나님의 축복을 받아내려고 하는

성도를 향한 하나님의 은혜

하나의 행위가 되어버렸습니다. 그것은 괴로운 일이었습니다. 저와 같은 경험을 해본 사람이라면 하나님의 호의를 얻을 만큼 선한 삶을 살고자 노력하는 것이 얼마나 괴로운 일인지 잘 알 것입니다.

그것 때문에 저는 평생 욕을 해본 일이 없습니다. 평생 술도 마시지 않았습니다. 담배도 피워 본 적이 없고 사람들이 잘못된 일이라고 하는 것들은 대부분 해본 적이 없습니다. 그러나 예수님을 구세주로 영접하기 전까지는 저 역시 다른 사람들처럼 지옥으로 향해 가고 있었습니다. 지옥에서 제일 괜찮은 사람이면 뭐하겠습니까? 다른 모든 사람들처럼 저도 구세주가 필요한 사람일 뿐이었습니다.

누군가는 제법 잘하고 있을지도 모릅니다. 그 어느 때보다 잘하고 있을 수도 있습니다. 하지만 어느 누구도 완벽하지 못합니다. 그렇기 때문에 우리는 자신이 한 일에 기초해서 하나님께 접근하려고 해선 안 됩니다. 그것이 바로 그동안 사탄이 우리를 이길 수 있었던 이유입니다. 예수님께서 우리를 위해 이루신 일에 근거하여 그리스도 안에 강하게 서 있지 못했기 때문입니다.

우리는 이렇게 말해 왔습니다. "하나님, **내가** 한 일을 좀 보세요. 이 정도면 충분하지 않나요?" 그러면 사탄이 이렇게 말합니다. "아니야, 충분하지 않아. 이 한심한 것들아! 너희는 이것도 안 했고, 저것도 안 했어." 그래서 우리는 행함을 통해 하나님의 축복을 얻어 내려고 더 노력하며 헤매고 다닙니다. 그러나 더 이상 그렇게 해선 안 됩니다!

신명기 28장 15-68절은 모든 계명을 100% 다 지키지 못할 때 (99%가 아니라 100%) 우리에게 닥칠 여러 저주에 대해 열거하고 있습니다. 그러나 우리는 다음의 말씀으로 인해 **믿는 자**에게는 그런 저주가 임하지 **않는다는 것**을 압니다.

> 그리스도께서 우리를 위하여 저주를 받은 바 되사 율법의 저주에서 우리를 속량하셨으니 기록된 바 나무에 달린 자마다 저주 아래에 있는 자라 하였음이라   갈라디아서 3:13

불순종하는 자들에게는 하나님께서 염증, 문둥병, 종기, 종양 등을 내리신다고 율법이 말할 때 그리스도인들은 그런 것들로부터 속량 받았다는 것을 기억하십시오. 저는 율법의 저주로부터 속량 받았기 때문에 하나님께서 그런 것들을 저에게 내리지 않으신다는 것을 압니다.

대부분의 그리스도인들이 저주로부터 속량 받았다는 사실은 받아들이지만 성령 충만한 그리스도인들조차 신명기 28장

1-14절에 기록된 축복을 주장할 만큼 담대하지는 못합니다. 하나님께서 그들에게 마귀의 질병을 내리지 않으신다는 것은 받아들이면서 하나님의 축복을 구하는 데는 망설이는 것입니다. 왜냐하면 신명기 28장 1-2절이 말하듯이 '이 모든 계명을 지켜야 이 축복들이 주어진다.' 는 조건을 자신이 충족하지 못했음을 그들의 마음이 알고 있기 때문입니다.

> 네가 네 하나님 여호와의 말씀을 삼가 듣고 내가 오늘 네게 명령하는 그의 모든 명령을 지켜 행하면 네 하나님 여호와께서 너를 세계 모든 민족 위에 뛰어나게 하실 것이라 네가 네 하나님 여호와의 말씀을 청종하면 이 모든 복이 네게 임하며 네게 이르리니
> 신명기 28:1-2

이 구절을 해석할 때 사람들은 "먼저 이것을 하면 하나님의 축복이 따른다."고 읽습니다. 그러나 하나님의 목적은 우리로 하여금 이 계명들을 모두 지켜서 하나님의 축복을 얻어내게 하려는 것이 아니라 우리가 하나님의 계명을 모두 지키는 것이 불가능하다는 것을 보여주려 하신 것입니다.

하나님의 계명은 십계명 외에도 더 있습니다. 신약시대 성도로서 우리는 하나님의 제사장이며(계 1:6), 레위기 22장에는

제사장의 자격이 열거되어 있습니다. 구약시대 제사장은 몸에 사마귀가 있으면 안 되었습니다! 코가 납작해도 안 되고, 매부리코여도 안 되며, 시력이 나빠도 안 되었습니다! 지금으로 치자면 안경을 썼거나 몸에 어떤 흠이 있으면 제사장이 될 자격이 없는 것입니다.

그런데 하나님은 왜 그렇게 말씀하셨을까요? 하나님은 코가 납작하거나 매부리코나 사마귀가 난 사람을 싫어하실까요? 아닙니다. 하나님께서는 그들을 사랑하십니다. 그러나 우리가 완벽함을 의지하여 하나님께 접근하고자 할 때 진짜 완벽한 것이 무엇인지 우리에게 보여주시는 것입니다.

하나님께서 창조하신 아담과 하와의 몸에는 사마귀가 없었습니다. 그것은 타락한 후에 생긴 것입니다. 하나님께서는 아담과 하와를 매부리코나 납작코로 만들지 않으셨습니다. 그들의 시력도 나쁘게 창조하지 않으셨습니다. 하나님은 사람을 완벽하게 지으셨기 때문에 완벽하지 않다면 제사장 자격이 없는 것입니다. '우리가 하나님의 제사장' 이라는 말씀과 '완벽하지 않으면 제사장이 될 수 없다' 는 이 두 언약을 합하면 우리는 제사장은 고사하고 구원받을 자격조차 없을 것입니다!

하나님께서 사마귀 얘길 하신 이유는 다들 의사에게 가서 사마귀를 제거해야 한다는 뜻이 아닙니다. 다만 우리 자신을 의지하여 구원받으려 하지 말라는 뜻입니다. 신명기 28장 1-2절을 통해 하나님께서 우리에게 하시려는 말씀은 그 모든 것들을 부지런히 지켜서 앞으로 완벽을 추구하며 살라는 것이 아니었습니다. 우리에게는 완벽한 구세주가 필요하다는 것을 보여주기 위해 계명을 주신 것입니다.

순종의 유익

하나님의 계명에 순종하는 것에는 유익이 있습니다. 하나님께 순종할수록 사탄에게 열린 문이 닫힙니다. 우리가 하나님의 계명 50%를 지킨다면 사탄에게 열린 문을 50% 닫는 것입니다. 그리고 그것은 좋은 것입니다. 사탄에게 내어주는 자리가 적어질수록 형편은 더 좋아집니다.

이렇듯 거룩하게 살기로 하는 것은 좋습니다만 누구도 100% 완벽하게 되지 않음을 기억하십시오. 중요한 것은 온 마음을 다해 하나님을 찾는 것이며 절대 우리가 한 일을 의지해선 안 된다는 것입니다. 대신 이렇게 고백해야 합니다. "아버지, 구원과 치유, 재정 그리고 나머지 모든 것에 대해 당신의 은혜와 긍휼을 계속적으로 의지합니다."

때로 이런 설교도 들었을 것입니다. "하나님의 축복을 원한다면 주님의 말씀에 부지런히 귀를 기울이세요. 그런데도 축복을 받지 못했다면 성경을 충분히 읽지 않았다는 뜻입니다. 방언기도를 한 시간씩 더 하세요. 성경 공부도 더 하시고요. 이것도 하고, 저것도 하고, 그것도 하세요."

성경 공부와 방언기도를 더 하는 것은 잘못된 것이 아닙니다. 그러나 그렇게 하는 이유가 하나님을 졸라서 자신을 더 축복하시도록 만들려는 것이라면 제가 장담하건대 아무것도 받지 못할 것입니다. "하나님, 제가 한 일을 보세요. 이렇게 했으니까 역사해 주셔야죠." 만약 여러분의 동기가 그런 것이라면 아무것도 받을 수 없습니다. 하나님께서 율법을 주신 진정한 목적을 놓쳤기 때문입니다.

올바른 신약의 관점

신약의 성도들은 신명기 28장 1-2절을 이렇게 읽어야 합니다. **"예수님께서** 하나님의 모든 계명을 지키셨고 부지런히 말씀에 청종하셨기 때문에 하나님의 축복이 나의 삶에 풀어질 것이다." 로마서 8장 4절에 따르면 완전하신 예수님께서

"우리 안에서 율법의 의가 성취되게 하려"(킹제임스 흠정역)고 자신을 희생 제물로 드리셨습니다.

예수님으로 인해 **그분의** 모든 의가 **우리**에게 부어진 것은 그 결과 율법의 의가 우리 안에서 성취되게 하시기 위함입니다. 고린도후서 5장 21절입니다. "하나님이 죄를 알지도 못하신 이를 우리를 대신하여 죄로 삼으신 것은 우리로 하여금 그 안에서 하나님의 의가 되게 하려 하심이라" 우리는 이제 자신이 하나님의 의라는 것을 선포해야 합니다. 그 결과 모든 계명은 성취되었고 축복은 우리에게 달려와 우리를 사로잡을 것입니다. **예수님께서 하신 일을 통해서 말입니다!**

이것이 바로 신약의 믿는 자들이 말씀을 봐야 하는 방식입니다. 그런데도 우리 대부분은 신명기를 읽을 때 이렇게 말합니다. "하나님, 이 말씀을 보니 저는 더 노력해야겠어요. 계명을 더 지키고 좀 더 잘해야 돼요." 아닙니다. 그것은 계명의 목적이 아닙니다. 그래서 하나님은 2,000년간 그 계명을 주시지 않았던 것입니다. 사람들이 이렇게 오해할 것을 알고 계셨기 때문입니다.

하나님께서 원하시고 우리가 가져야 할 진정한 신약의 자세는 이것입니다. '하나님은 사랑이시며 우리의 죄를 우리에게 담당시키는 것을 원치 않으신다.' 하나님은 예수님으로 인해 우리의 죄를 정죄하지 않으셨지만 죄는 여전히 우리를 파괴하고 있었고 사탄은 인류를 죽일 뿐만 아니라 지옥으로 데려가고 있었습니다. 그래서 하나님은 죄에 대한 속죄제를 만드신 것입니다. 바로 예수님을 희생양으로 삼아 우리 죄를 십자가 위, 그분의 몸에 지우신 것입니다. 그 결과 우리는 죄에 대해 죽고 의에 대해 살게 되었습니다. 히브리서 10장 1절, 10절, 14절에 의하면 예수님께서 죄를 지심으로 우리는 이제 완전하게 되었고 거룩해졌습니다. 그렇기 때문에 우리는 과거의 죄에 대해 의식해선 안 됩니다.

하나님께 나아갈 때도 "하나님, 저는 너무나 자격이 없어요. 당신이 복주지 않으실 줄 알고 있습니다."라고 해선 안 됩니다.

> 그러므로 형제들아 우리가 예수의 피를 힘입어 성소에 들어갈 담력을 얻었나니 그 길은 우리를 위하여 휘장 가운데로 열어 놓으신 새로운 살 길이요 휘장은 곧 그의 육체니라
>
> 히브리서 10:19-20

주께서 그분의 몸으로 우리를 위해 거룩하게 하신 새롭고 산 길로 하나님께 담대히 나아가야 합니다. 주 예수 그리스도로 인해 우리는 지성소로 바로 들어갈 수 있는 담대함이 있으며

아담과 하와가 범죄하기 전에 하나님께 나아갔던 것처럼 그렇게 하나님께 나아가야 합니다! 자기 자신과 자신의 실패에 집중할 필요가 없으며 오직 하나님만 의식하면 됩니다. 아담과 하와가 벗었으나 하나님께만 집중하여 다른 것은 인식하지 못했듯이 하나님께만 집중하십시오.

이러한 특권이 우리에게 있다는 것, 그리고 하나님도 그렇게 생각하신다는 사실을 아셨습니까? 이것이 하나님의 진정한 본성이고 이것이 하나님께서 우리를 보시는 시각입니다. 하나님께서는 예수님이 이루신 일을 통해 우리를 보십니다. 우리는 우리 자신을 그렇게 보지 않습니다. 우리는 우리의 육신과 실수, 실패를 보는 경향이 있습니다. 그러나 하나님은 우리의 마음을 보십니다.

하나님은 영이시기 때문에 그분을 예배하는 사람들은 영과 진리로 예배해야 합니다(요 4:24). 우리가 하나님 앞에 나아갈 때, 그분은 우리의 영을 보십니다. 그리고 에베소서 4장 24절에 따르면 우리의 영은 의롭고 참으로 거룩합니다. 우리는 순결하며 더 이상 거룩해지지 못할 만큼 지금 이 순간 완전하게 거룩합니다. 우리의 거듭난 영은 앞으로 더 나아질 수 없을 정도로 지금 이 순간 완벽합니다!

우리의 영은 죄로 얼룩지지 않았습니다. 죄를 지어도 그 죄로 인해 영이 얼룩지지는 않습니다. 우리의 영은 천국에서 하나님과 함께 할 그 순간만큼이나 지금 이 순간 의롭고 거룩하고 순결합니다. 우리 영은 완전하고 하나님의 형상 안에 있으며 정확히 하나님을 닮았습니다. 다음은 요한일서 4장 17절 말씀입니다.

> 이로써 사랑이 우리에게 온전히 이루어진 것은 우리로 심판 날에 담대함을 가지게 하려 함이니 주께서 그러하심과 같이 우리도 이 세상에서 그러하니라

이것이 하나님께서 우리를 보시는 시각이며 그렇기 때문에 이것이 우리의 모습입니다. 죄를 지어서 용서를 받기 위해 하나님께 나아갈 때, 또는 단순히 하나님과 함께하길 원하거나 그분을 예배하기 원해 하나님께 나아갈 때, 우리는 예수 그리스도의 의로 그분 앞에 서는 것입니다.

06

하나님을 아는 지식

우리가 하나님의 본성과 성품을 제대로 이해하지 못했기 때문에 그분이 우리를 어떻게 대하시고 언제 기도에 응답하시는지 이해하지 못했던 것입니다. 그 결과 우리의 필요를 채워주심을 통해 우리 삶 속에 그분을 나타내시도록 자리를 내어드리지 않은 것입니다.

그의 신기한 능력으로 생명과 경건에 속한 모든 것을 우리에게 주셨으니 이는 자기의 영광과 덕으로써 우리를 부르신 이를 앎으로 말미암음이라   베드로후서 1:3

하나님은 여기서 생명과 경건에 속한 **모든** 것이라고 말씀하십니다. 여기에는 치유, 기쁨, 자유함, 형통 등 우리가 속량 redemption의 결과로 생각할 수 있는 모든 것이 포함되어 있다는 것을 아십니까? **"생명과 경건에 속한 모든 것"**은 **"우리를 부르신 이를 앎"**을 통해 옵니다. 하나님에 대한 **잘못된** 지식을 가지고 있는 사람은 그 "모든 것"을 받을 수 없습니다!

> 대저 그 마음의 생각이 어떠하면 그 위인도 그러한즉
>
> 잠언 23:7(전반절)

사람은 그 마음의 생각대로 됩니다. 하나님에 대해 잘못된 인상을 가지고 있으면 그분으로부터 잘못된 것들 즉 심판, 징벌, 기도 응답의 지연 등을 기대하게 됩니다. 자신이 기대하고 믿었던 일이 일어나기 때문입니다. 예수님은 마태복음 9장 29절에서 "너희 믿음대로 되라"고 하셨고 이외에도 여러 곳에서 이를 확증하셨습니다.

하나님은 어떤 분이시며 우리 삶 가운데에서 어떻게 역사하시는지에 대하여 잘못된 자세와 개념을 갖고 있는 그리스도인들이 많습니다. 그 사람들의 생각이 다 틀렸다는 것은 아니지만 많은 사람들의 신학이 매우 혼란스러운 상태입니다. 사탄은 이런 오해를 이용하여 하나님께서 예수님을 통해 공급해 놓으신

것들을 사람들이 받지 못하도록 막고 있습니다.

예수님께서 그분의 본성과 성품을 나타내신 것처럼 하나님께서 우리에게 자신을 나타내실 수 있도록 우리가 자리를 내어 드린다면 반드시 하나님의 참된 모습을 제대로 알게 될 거라고 제가 장담할 수 있습니다. 그렇게만 된다면 믿음이란 어려운 것이 아니었다는 것을 알게 될 것입니다. 사실 일단 우리가 하나님을 제대로 **알게 되면** 하나님을 안 믿는 것이 더 어렵습니다.

사탄은 하나님을 친밀하게 알고 그분의 성품에 관해 참된 계시를 가진 사람들을 속일 수 없습니다. 하나님께서 그들을 축복하지 않으실 거라든지 그들의 믿음은 역사하지 않을 거라는 거짓에 넘어가지 않기 때문입니다. 마귀는 하나님을 진정으로 알고 그분과 친밀한 관계를 가지고 있는 사람들을 속일 수 없습니다.

예수님을 보면 하나님이 어떤 분이신지 알 수 있습니다. 일단 우리가 하나님의 참 본성을 알고 그분이 우리를 얼마나 사랑하시는지 알게 되면 하나님의 사랑이 우리 마음속에 가득 부어질 것입니다. 그렇게 되면 하나님과 전에 경험해 보지 못한 새로운 관계를 갖게 됩니다.

제가 죄를 용납하는 것이 아니라는 것을 다시 말씀드리고 싶습니다. 저는 우리가 죄를 짓든 말든 하나님께서 상관하지 않으신다는 말을 하는 것이 아닙니다. 그러나 예수님께서 그 죄에 대한 대가를 이미 치르셨고 그 모든 죄를 짊어지셨기 때문에 죄가 더 이상 우리를 하나님으로부터 갈라놓지 못한다는 말입니다.

우리의 필요를 채우시는 하나님

교회의 큰 문제 중에 하나는 어떻게 하면 말씀을 **역사하게 만드는지** 그 방법을 배우는 것에 있다고 생각합니다. 믿음에 대하여 배우고, 말씀을 고백하는 것에 대하여 배우고, 심고 거두는 것에 대하여 배웁니다. 우리가 한 것은 할 일을 배우고 그것을 실행한 것이지 **하나님을** 진정으로 알게 된 것은 아닙니다.

그러한 방법들이 우리 삶에 필요한 "모든 것"을 채워주는 것이 아닙니다. 신앙생활의 열매는 하나님을 진정으로 아는 데에서 나옵니다. 믿음도 하나님을 아는 데에서 오며 하나님을 아는 것이 기독교의 모든 것에 기초입니다. 베드로후서 1장 3절을 기억하십시오. 하나님은 그분을 **앎**을 통해 생명과 경건에 속한 모든 것을 우리에게 주셨습니다.

만일 우리가 진정으로 하나님을 알았다면 그분의 모든 충만한 것이 이미 우리 삶에 풀어졌을 것입니다. 저는 형통을 믿으며 형통을 반대하지 않지만 때로 사람들이 사역자를 평가할 때 양극단을 달리는 경향이 있습니다. 어떤 사역자가 고급 차를 가지고 있으면 그것이 그들의 믿음을 입증한다고 보거나 아니면 다른 극단으로 치우쳐서 하나님은 사역자들이 구멍 난 구두를 신고 다니길 바라신다고 생각하는 것입니다. 저는 둘 다 아닙니다!

저는 그리스도인들이 재정적으로 형통해야 한다고 믿지만 정말로 하나님을 아는 사람이라면 재정의 형통에 관한 가르침들은 한쪽으로 치워놔도 된다고 믿습니다. 그런 사람들은 재정적 형통의 기술에 관한 상세한 내용들을 모두 알아야 할 필요가 없습니다. 왜냐하면 진정으로 **하나님의** 나라와 **그의** 의를 **먼저** 구한다면 다른 모든 것은 주어질 테니까요(마 6:33)!

많은 사람들이 집과 차 같은 물질적인 것들을 얻는 데에만 믿음을 사용합니다. 그러나 하나님께서 우리에게 믿음을 주신 이유는 마귀를 이기고, 어둠의 나라를 무너뜨리고, 사람들을 거듭나게 하고, 그들을 치유하여 자유케 하는 데 쓰라고 주신 것입니다. 집과 차를 소유하는 것에는 잘못된 것이 전혀 없으나 그래도 그것이 믿음의 목적은 아닙니다.

그러한 물질적인 것들을 받기 위해 믿음을 사용하느라 너무 많은 시간을 보내선 안 됩니다. 하나님께서 우리에게 믿음을 주신 이유는 물질적인 것들을 소유하라고 주신 것이 아니었습니다. 하나님께서 믿음을 주신 이유는 우리가 그분을 알도록 하기 위해 주신 것입니다. 그러면 그분의 신성한 생명이 우리를 통해 흘러가기 때문에 집, 차 같은 물질적인 것들이 우리를 찾아올 것입니다. 그런 것들은 하나님에 대한 우리 믿음의 부산물로 오는 것입니다. 먼저 하나님의 나라를 구하고 그분을 알 때, 따라오는 결과입니다. 우리가 진정으로 하나님을 친밀하게 안다면 하나님은 우리가 평생 다 쓸 수도 없을 만큼 많은 것들을 부어주실 것입니다.

부모가 자녀들에게 부모를 어떻게 조종하는지 가르쳐야 할까요? 음식, 옷, 장난감 등을 얻어내기 위해서 부모를 어떻게 다뤄야 할지 가르쳐야 합니까? 그렇지 않습니다! 자녀를 사랑하기 때문에 그 사랑으로 인해 자녀에게 필요한 모든 것을 채워줍니다. 깜짝 선물을 주면서 기쁨을 누리기도 합니다.

우리의 하늘 아버지는 얼마나 더 많이 우리를 축복하기 원하시겠습니까? 문제는 우리에게 새롭게 해야 할 생각이 너무 많고 잘못 배운 것들이 너무 많다는 것입니다. 그런 것들을 버려야 합니다. 하나님은 우리가 가난하고 아프길 원하신다는 가르침 같은 것들 말입니다. 그러나 또한 어떻게 하면 말씀을 역사하게 만드는지 그 **방법에만** 관심을 집중하지 않도록 주의해야 합니다. 재정의 형통을 믿는 것이 거짓 가르침이란 말이 아니라 삶의 초점을 **모든** 생명의 중심이 되시는 주 예수그리스도께 맞추지 않는다면 오히려 그런 것들이 삶을 파괴하는 데 사용될 수 있다는 말입니다.

예수님을 아는 것보다 말씀을 역사하게 만드는 방법, 그리고 그렇게 하기 위해 우리가 해야만 하는 일들에 더욱 관심을 쏟을 때 우리의 신앙은 역사하지 않습니다. 반면에 우리가 예수님을 안다면, **정말로** 그분을 안다면 그러한 수많은 공식들을 몰라도 우리가 할 수 있는 일들과 받게 되는 축복이 얼마나 많은지 놀라울 따름입니다.

결코 하나님의 임재를 떠나지 말라

아내와 제가 처음 사역을 시작했을 때 우리는 믿음을 어떻게 사용하는지 전혀 몰랐습니다. 당시 우리는 믿음의 말씀 운동에 대해 들어보지도 못했지만 우리의 사역을 통해 사람들이 치유됐고 재정이 공급되었으며 상상할 수 있는 모든 종류의 기적을 체험했습니다. 단지 온 마음을 다해 하나님을 구했다는 것 외에 어떻게 그런 일이 일어났는지 저도 설명할 길이 없습니다. 그러나 그것이 바로 하나님의 축복이 풀어지게 하는 가장 확실한 방법이라고 장담할 수 있습니다! 믿음을 사용하는 기술은 몰랐어도 우리는 하나님을 알았고 계속해서 그분을 추구했습니다.

안타까운 것은 많은 사람들이 하나님에 대하여 여러 해 배웠으나 **하나님과의 친밀한 관계** 대신에 **하나님에 대한 지식만** 늘어간다는 것입니다.

처음 거듭났을 땐 모든 것이 잘 돌아가는 것 같습니다. 기도하고 구하는 것마다 응답받습니다. 기적이 일어납니다. 그러나 얼마 지나지 않아 메말라 버립니다. 그래서 자기를 주님께로 인도한 사람들을 찾아가서 왜 그런지 묻습니다. 더러는 이런 말을 듣습니다. "허니문이 끝났군요. 이젠 성장을 해야지요. 다른 사람들처럼 해야 됩니다."

허니문이 가능했던 것은 그들의 생각이 오로지 하나님께만 머무르며 그분의 임재 안에서만 행했기 때문입니다. 그들은 하나님의 임재를 느꼈고 그분의 사랑으로 압도되었습니다. 믿음은 사랑으로 역사하니까요(갈 5:6)!

하나님의 말씀을 몰라서 고생을 하고 사탄이 문제를 가져와 첫사랑에서 멀어진 것입니다. 그러면 종교적인 사람들이 그것은 당연한 것이라 말하면서 하나님께서 그들을 성장시키고, 가르치고, 성숙시키기 위해 하시는 일이라고 합니다.

하지만 하나님과 너무나 친밀해서 모든 것이 우리를 위해 잘 돌아가는 그러한 영역 안에서 계속 살 수도 있습니다. 저는 이것이 하나님께서 그분의 자녀들에게 주시고자 하는 삶의 방식이라고 믿고 있으며 그래서 지금 하나님을 아는 것에 대해 논하고 있는 것입니다. 우리가 하나님을 아는 일에 진정으로 집중한다면 나머지 모든 것은 거기로부터 나올 것입니다.

우리에겐 하나님의 말씀에 대한 지식이 필요합니다. 말씀은 그분의 참된 본성을 보여주기 때문입니다. 그러나 그 말씀이 기술적인 공식이 되면 초점을 잃어버린 것입니다. 그렇게 하는 것은 하나님의 능력이 아닌 우리의 힘으로 하려는 것입니다. 하나님이 하신 일과 하나님이 어떤 분이신가에 감동하여 일하지 않고 오히려 우리의 일로 하나님을 감동시키려 하는 것입니다.

하나님과 일대일의 관계를 발전시켜서 그분이 나를 얼마나 사랑하시는지 깨닫게 되면 필요한 재정이 채워진다던지, 치유가 된다던지, 사랑하는 사람을 주님께 인도한다던지 하는 것들은 그다지 어렵지 않습니다.

지금 하나님으로부터 뭔가를 받기 위해 애쓰고 있다면 그런 사람들은 먼저 하나님을 더 알아야 합니다. 하나님을 진정으로 알 때, 우리를 향한 그분의 사랑과 헌신에 대해 완전한 확신을 갖게 될 것입니다. 그러면 하나님께서 나의 필요를 채우지 않으시면 어쩌나 하는 두려움은 사라지게 될 것입니다.

07

사역자를 향한 하나님의 선하심

우리 대부분은 하나님의 선하심보다는 우리의 죄를 더 의식하고 있고 불행히도 이것은 다른 사람을 섬기고자 할 때 더욱 분명하게 나타납니다. 사탄이 하는 일은 우리가 넘어졌던 일을 상기시키는 것입니다. "하나님의 능력은 너에게 역사하지 않을 거야. 너는 아직 부족하니까." 이렇게 되면 우리는 사탄에게 패배합니다.

대부분의 그리스도인들은 이러한 마귀의 정죄에 동의하면서 하나님은 우리의 행함에 비례하여 역사하실 거라고 믿습니다. 그렇게 생각하는 순간 넘어질 수밖에 없습니다. 앞으로도 영원히 하나님으로부터 언약의 축복을 받아낼 만큼 충분한 공로를 세울 사람은 없기 때문입니다.

제가 말씀을 전하기 위해 강단에 설 때마다 사람들은 자신들의 필요를 채우는 책임이 저에게 있다고 보는 것 같습니다! 그러한 상황은 사역자들을 쉽게 압도해 버립니다. 사실상 그것은 사람들의 잘못된 기대입니다. 그들의 몸을 치유하고 문제를 해결하는 분은 하나님이시기 때문입니다. 사람들의 모든 필요를 초자연적으로 채우시도록 하나님을 강권할 만큼 완벽한 행위를 하는 사역자는 어디에도 없습니다.

저의 마음을 다 쏟아 하나님의 말씀을 나눴지만 제가 제시한 진리의 유익을 취하지 않은 사람들도 많습니다. 하나님의 말씀으로 자유해질 수 있었지만 말씀을 마음에 받아들이지 않은 사람들입니다.

부정적인 예언을 하려는 것은 아니지만 이 책을 읽고도 제가 나눈 내용을 한 귀로 듣고 한 귀로 흘려보낼 사람들이 있을 것입니다. 이것을 마음에 담지 않을 것이기에 하나님 말씀의 진리로 그들의 생각을 새롭게 하지 않을 것입니다. 그리고 죽을 때까지 자신의 옛 사고방식과 신념에 머무를 것입니다. 부정적인 선포를 하는 것이 아니라 다만 마가복음 4장에 나온 예화를 인용하는 것입니다. 씨뿌리는 자가 말씀을 뿌릴 때 말씀이 떨어지는 땅은 여러 종류이며 어떤 사람에게는 뿌리를 내리지 못합니다.

예수님은 마태복음 11장 15절에서 이렇게 말씀하십니다. "귀 있는 자는 들을지어다" 어떤 사람들은 진정으로 하나님의 말씀을 들으려 하지 않는다는 것이 사실입니다. 베드로전서 5장 8절에 보면 마귀가 우는 사자같이 두루 다니며 삼킬 자를 찾는다고 했고 이 책을 읽는 사람들 중에도 사탄이 자신을 삼키도록 내버려 둘 사람들이 있을 것입니다. 그러나 그것은 하나님의 뜻이 아닙니다! 그래서 저도 듣는 사람들의 인생에 중요한 문제에 대해 나누고 있다는 것을 인식할 때 핵심을 분명하게 전하려고 애를 씁니다.

사역자들에겐 행함으로 보여야 하는 책임이 때로는 무겁습니다. 저의 삶이 그랬고 제가 아는 대부분의 사역자들도 마찬가지라고 생각합니다. 처음에는 이렇게 기도합니다. "하나님 저는 당신의 기름 부음이 필요합니다." 그래서 금식도 하고, 기도도 하고, 필요한 여러 가지 일들을 합니다. 그러나 그런 일들을 할 때 이런 태도로 하는 경향이 있습니다. "하나님, 제가 이 모든 일들을 했으니 이제 제게 기름 부으실 줄 믿습니다." 즉 하나님이 아닌 자기가 한 일을 의지하여 사역을 하는 것입니다.

아이러니한 것은 아무리 많은 일을 해도 사탄은 완벽하지 못한 점을 찾아 우리의 양심을 찌릅니다. 그러면 하나님께서 나를 위해 역사하실 거라는 믿음이 사라집니다! 자신이 잘한 것을 의지하는 사람들은 주기적으로 사탄에게 패배당할 수도 있습니다.

사탄은 또 우리의 삶에 도저히 감당할 수 없는 사람들을 보내 우리를 넘어뜨리는 말을 하게 합니다! 그러면 이제 그 사람들을 미워하게 되고 그러자마자 사탄이 와서 이렇게 말합니다. "이 쓸모없는 인간아! 어떻게 감히 하나님이 너를 쓸 거라 생각한 거냐? 뭐 때문에 하나님이 **너 같은 인간**을 통해 사람들을 구원하고 치유할 거라 생각하는 거야?"

저 또한 처음 사역을 시작했을 때 하나님께서 저의 행위에 따라 저를 사용하실 거라고 생각했었습니다. 그래서 제가 어떤 잘못이라도 하면 다른 사람을 위해 기도할 믿음을 모두 잃어버리곤 했습니다. '하나님, 어떻게 하나님께서 저 같은 사람을 쓰실 수 있겠습니까?' 아마도 대부분의 사람들이 지금도 그런 식으로 생각하고 있을 것입니다!

약속, 약속!

사역 초기에 저는 영향력 있는 사역을 하고 싶었지만 하나님께 쓰임 받기 위해 앞서 설명한 모든 착오를 반복하고 있었기 때문에 너무나 좌절되어 있었습니다. 콜로라도에서 교회를 목양하고 있었을 때 일인데 저녁 성경 공부를 인도하러 가는 길이었습니다. 그날 아침 저는 하루 종일 금식하고, 기도하고, 성경을 공부하기로 결심했었습니다. 며칠 동안 사람들을 섬기느라 너무 바빠서 통 말씀을 공부하지 못했기 때문입니다. 그래서 그 하루를 떼어 금식하고 기도하면서 말씀을 공부하고자 했던 것입니다.

그 당시에는 사람들이 기도를 받으려고 아침부터 밤까지 우리 집에 들락거렸습니다. 그래서 그분들을 위해 기도를 하긴 했지만 저와 하나님의 일대일 관계를 위한 것은 아니었습니다. 저의 삶이 다른 사람들 위주로 돌아갔던 것입니다. 그래서 계획한 대로 성경 공부를 하지 못했습니다. 하루 종일 단 일 분도 성경 공부를 할 시간이 없었습니다. 말씀을 읽긴 했지만 다른 사람들에게 읽어준 것이 다였습니다.

금식을 하기로 했던 날 아침, 제가 주님께로 인도하고자 공을 들이고 있던 사람이 찾아와서 점심을 같이하자고 했습니다. 저는 그것이 하나님의 뜻임을 알았기에 따라 나갔고 그날은 금식을 하려고 했음에도 불구하고 평소보다 두 배나 많이 먹었습니다. 아침을 굶었으니까요. 그리고 그 사람에게 복음을 전했습니다. 그날 저는 하나님과 약속한 것을 전부 다 어겼습니다!

저녁 성경 공부를 인도하러 가는 동안에 기분이 너무 안 좋았습니다. "하나님, 제가 약속한 모든 것을 어겼습니다." 그러자 사탄이 바로 뛰어들어 성경 말씀을 생각나게 했습니다. 사탄은 광야에서 예수님께 그랬듯이 우리에게도 성경 말씀을 인용합니다. 사탄은 지키지 않을 맹세는 하지 않는 것이 낫다는 말씀과 거짓말하는 자는 불과 유황으로 타는 못에 던져지리라는 말씀을 기억나게 했습니다(전 5:5, 계 21:8).

그런 생각과 싸우면서 너무 낮아진 마음이 들었습니다. "하나님, 저 같은 사람을 어떻게 쓰실 수 있겠습니까?" 저는 당시 하나님께서 제가 한 일만큼 저를 사용하신다고 생각했었기 때문에 그렇게 말했던 것입니다. 저는 제가 저지른 실패를 회복해 보려고 애를 쓰다가 결국 하나님의 긍휼만을 바라며 이렇게 말했습니다. "하나님, 저를 위해 역사하지 않으실 거면 제가 섬기는 이 사람들을 위해서라도 역사해 주세요. 이 사람들은 어떻게 해요? 제가 하루 종일 바보짓을 했다고 저들이 당신의 기름 부음을 놓치게 하지는 말아주세요."

그렇게 한참 동안 기도한 후에 마침내 이렇게 말했습니다. "하나님, 그냥 예수님 때문에라도 역사해 주세요."

제가 그렇게 기도하자마자 주께서 대답하셨습니다. "그럼 너는 내가 누구 때문에 역사할 것으로 생각했느냐?"

솔직히 저는 그날 제가 계획해 놓은 대로 기도하고 금식하면 하나님께서 그것 때문에 저를 사용하실 거라고 생각했었습니다. 그런데 갑자기 하나님은 제가 한 일 때문에 저를 사용하신 것이 아니라는 사실을 깨달았습니다. 그분은 제가 한 일 때문이 아니라 제가 저지른 일에도 불구하고 저를 사용하셨던 것입니다! 이 땅에는 예수님 이외에 하나님을 위해 일할 자격을 갖춘 사람이 없습니다. 하나님으로부터 뭔가를 받았다면 그것은 오직 하나님의 은혜로 받은 것입니다. 그것을 깨닫자 저는 자유케 되었습니다.

지금 사탄이 저에게 이렇게 말한다고 해 봅시다. "앤드류, 너는 이 세상에서 가장 불쌍한 놈이야. 무슨 생각으로 하나님이 널 사용할 거라고 믿는 거냐?" 그러면 저는 저 자신을 변호하고 논쟁하지 않고 오히려 이렇게 말합니다. "맞아! 그렇지만 예수님으로 인해 나는 하나님을 찬양한다. 나는 사람들에게 예수님을 전하고 그들이 치유가 필요하면 예수님의 이름으로 그들을 위해 기도할 거고 그들은 예수님을 통해 치유를 받을 거야!"

그렇게 저의 사고방식을 바꾸자 얻어 내려고 했을 때보다 더 많은 하나님의 능력이 나타났습니다! 그러니까 저는 지금 죄 가운데 살자는 말인가요? 아닙니다. 그렇지만 저는 저의 거룩함을 하나님과의 관계, 하나님께 쓰임 받는 조건, 기도 응답의 근거로 사용하지는 않습니다.

거룩한 삶의 목적

제가 거룩한 삶을 사는 이유는 그렇게 하지 않을 때 사탄에게 문이 열려서 그가 가져오는 엄청난 문제를 감당해야 하는데 저에게는 그럴 여유가 없기 때문입니다. 저는 사탄에 대한 방어의 일환으로, 그리고 사람들에게 들려 줄 저의 간증으로서 거룩한 삶을 살고자 하는 것입니다. 제가 하나님께서 원하시는 대로 살 때 그분은 저를 보며 기뻐하신다는 것을 알기 때문에 저의 거룩한 삶을 하나님께 올려드리는 것입니다. 그러나 절대로 그것을 하나님과의 관계에 대한 근거로 삼지는 않습니다. 거룩한 삶의 또 다른 장점은 사탄이 저의 행위에 따라 저의 감정이 오르락내리락하도록 만들 수 없다는 것입니다.

나의 행위로 인정받으려다 완전히 망쳐버린 그날, 저는 주님 안에서 평강을 발견했습니다. 이제 기도 부탁을 받으면 그날 제가 잘 살았는지 못 살았는지 전혀 상관하지 않습니다. 이제 앤드류 워맥의 어떠함이 아니라 예수님의 어떠하심을 통해 사람들의 치유를 위한 최고의 기도를 할 수 있습니다. 할렐루야!

제가 경험한 가장 큰 기적들 중에 어떤 것은 제가 가장 형편없는 처지에 있었을 때 일어났습니다. 그리고 저는 그것이 바로 고린도후서 12장 10절에서 바울이 말한 것이라 믿습니다. "내가 약한 그 때에 강함이라" 바울은 자신의 연약함을 깨달았고 은혜와 거룩함에 대한 이 진리를 올바른 관점에서 깨달았기 때문에 행함에 있어 실패했을 때 더더욱 하나님을 의지했던 것입니다.

제가 모든 것을 다 잘했을 때 저는 이렇게 기도하곤 했습니다. "하나님, 오늘은 제가 알아서 할게요. 제가 다 준비를 했거든요." 그러나 준비를 못 했을 때는 이렇게 말하곤 했습니다. "하나님, 하나님께서 하셔야만 합니다!" 그리고 그런 날이 대부분 하나님께 가장 크게 쓰임 받은 날이었습니다. 오로지 하나님께만 집중했으니까요.

> 그러나 하나님께서 세상의 미련한 것들을 택하사 지혜 있는 자들을 부끄럽게 하려 하시고 세상의 약한 것들을 택하사 강한 것들을 부끄럽게 하려 하시며 하나님께서 세상의 천한 것들과 멸시 받는 것들과 없는 것들을 택하사 있는 것들을

폐하려 하시나니 이는 아무 육체도 하나님 앞에서 자랑하지
못하게 하려 하심이라   고린도전서 1:27-29

하나님께서는 세상의 미련한 것들을 택하여 지혜 있는 자들을 부끄럽게 하려 하시고, 세상의 천한 것들을 택하여 강한 것들을 폐하려 하시고, 없는 것들을 택하여 있는 것들을 폐하려 하신다고 합니다. 하나님께서 왜 그렇게 하시는지 아십니까? 세상의 눈에 미련하고 천하고 멸시받는 사람들, 즉 타고난 재능이나 능력이 없는 사람들이야말로 하나님을 가장 의지하는 사람들이기 때문입니다. 그들은 하나님 외에 의지할 것이 아무것도 없습니다!

하나님께서 능력 있는 사람들을 자주 사용하지 않으시는 이유는 그들이 자기를 의지하기 때문입니다. 아프리카에 사는 사람들이 치유를 잘 받는 이유는 그들에게는 예수님 외에 의지할 것이 없기 때문입니다. 그들에겐 현대 의학도, 거리에 흔하게 깔린 약국도 없습니다. 두통이 생기면 예수님만이 유일한 치료자이십니다. 우리가 자신의 힘과 능력을 의지하면 하나님께서는 우리를 그리 많이 사용하시지 않습니다.

그래서 하나님은 시골 촌놈들을 복음 전하는 데 많이 쓰십니다. 저 같은 텍사스 촌놈은 하나님께서 함께하지 않으시면

나에겐 아무런 가망이 없다는 것을 잘 알고 있습니다. 그런데 말입니다, 그것을 알 때 비로소 자유함이 있습니다!

율법 아래에서 노력함으로써 우리는 하나님께서 의도하시는 것과 완전히 반대로 해왔습니다. 우리의 사역에 하나님의 축복을 받으려면 어떻게 해야 하는지 안다고 생각하고 있었습니다. 그러나 처참하게 실패한 후에야 나는 할 수 없다는 것을 깨닫고 자신이 아닌 예수님을 의지합니다.

하나님의 본성은 우리에게 '해야 할 일 목록'을 주시는 것이 아니었습니다. 하나님의 본성은 안식일에 나무를 했다고 돌로 쳐 죽이는 것도 아니었습니다. 우리가 말씀을 공부하지 않았더라도, 또 앞으로 평생 성경을 펴지 않는다 해도 하나님은 우리를 사랑하십니다.

그러나 절대 오해는 마십시오! 하나님의 기름 부으심이 우리의 공로에 따른 것은 아니지만 말씀을 열어보지 않는 것은 바보 같은 짓입니다. 거기에는 생명의 말씀이 있기 때문입니다. 거기에서 우리는 그분의 참 본성을 계시로 깨닫고 자유케 되기 때문입니다.

교회에도 가십시오. 그러나 '하나님, 저 교회 다니잖아요. 그런데 왜 제 삶 가운데 일하지 않으시나요?'라고 하려고 나가지는 마십시오. 하나님께서 출석 체크를 하시니까 교회에 나가는 것은 아닙니다. 하나님께 예배드리고 그분의 말씀을 듣고 다른 성도들과의 교제를 통해 성장하고 하나님께서 원하시는 섬김을 하려고 교회에 가는 것입니다. 교회에 나가면 삶이 변화될 것입니다. 집에만 있어도 하나님은 당신을 여전히 사랑하시겠지만 교회에서의 교제와 교류가 없이 하나님의 사랑을 알기는 어렵습니다. 우리가 거룩한 삶을 살지 않아도 하나님은 우리를 동일하게 사랑하시지만 우리가 거룩한 삶을 살지 않는다면 사탄이 우리 삶에 들어오는 문을 열어주는 것이며 그런 환경 속에서는 형통할 수 없을 것입니다.

관계가 전부다

때로는 지식으로 인해 교만하게 되어 자기중심이 되기도 하고 그 결과 하나님 그분 자체보다는 하나님께서 우리에게 주시는 것에 더욱 초점을 맞추기도 합니다. 그러나 더 이상 둘 중에 하나를 선택하지 않아도 됩니다. 또한 하나님을 사랑하고 그분께 전념하지만 우리의 삶을 향한 하나님의 뜻이 무엇인지 모르는 상태로 돌아가지 않아도 됩니다.

우리는 죄에 묶여 살지 않아도 되고 우리 삶의 모든 율법에 사로잡혀 살지 않아도 됩니다. 하나님은 우리가 형통하길 원하지 않으신다고 믿을 필요도 없습니다. 하나님께서 우리가 사랑하는 사람들을 데려가셨다고 생각하지 않아도 됩니다. 우리는 사람의 전통으로 돌아가지 않아도 됩니다. 또한 단지 하나님에 관한 교리적인 지식만을 공부하는 그 자리로 돌아갈 필요도 없습니다.

우리는 하나님을 직접 알 수 있을 뿐만 아니라 풍성한 삶을 누릴 수 있고 또 믿음이 삶에 역사하는 것을 경험할 수 있습니다. 저는 하나님께서 교회 안에 이런 것들의 균형을 이루고자 하신다고 진심으로 믿고 있습니다. 하나님이 진정 모든 것의 중심인 그러한 관계로 우리를 부르고 계신 것입니다. 제가 전에 어떤 찬양을 들었는데 가사가 이렇습니다. "나는 그분의 죽으심과 부활 안에서 그분을 알기 위해 나의 마지막 숨이라도 드리겠네." 이것은 엄청난 말입니다. 노래하기는 쉽지만 그렇게 살기는 어렵습니다. 그러나 그러한 삶이 바로 하나님께서 우리를 부르시는 곳입니다.

열여덟 살 때 저는 로마 카타콤을 방문했었습니다. 거기서 초대 교인들에 대한 박해와 처형에 관한 글을 읽었습니다. 로마 군인들이 그들의 무덤을 훼파했기 때문에 그들은 순교한 사람들의 시신을 가져다가 카타콤의 벽에다 묻었습니다. 거기는 교회로 모이는 곳이었기 때문에 사랑하는 사람들의 무덤을 보호할 수 있었습니다.

카타콤에는 여러 비문이 새겨져 있었는데 다음과 같은 것도 있었습니다. "오늘 원형경기장에서 예수님께 자랑스럽게 목숨을 바친 나의 아내와 석 달 된 딸이 여기 묻히다." 그 비문에 가득했던 주님을 향한 헌신을 볼 때 저는 압도당하는 느낌을 받았습니다. 그것이 저를 찔렀습니다.

오늘날 미국에서는 주님을 위해 죽는 것은 생각조차 하고 싶어 하지 않습니다. 주님을 위해 사는 것만 생각합니다. 하나님의 풍성함과 물질적인 소유에 대한 생각을 좋아합니다. 우리는 왜 오직 예수님의 죽으심과 부활 안에서 그분을 알기 위해 마지막 숨을 내어드리는 것을 두려워할까요? 왜 하나님께서 우리 삶의 중심이 되시도록 우선순위를 재정립하지 않는 것일까요?

만약 제가 집회 중에 어떤 사람을 일으켜 세워 최근에 일어난 좋은 일들에 대해 간증해달라고 하면 대부분의 경우 말문이 막혀 한마디도 하지 못할 것입니다. 왜 그럴까요? 자리에서 일어서는 순간, 자의식을 가지기 때문입니다. 더 이상 하나님께서 행하신 일에 집중하지 못하고 '사람들이 나를 어떻게 생각할까?' 하고 걱정을 하는 것입니다.

우리가 자신에게 집중하는 그 순간, 하나님께 쓰임 받는 좋은 통로가 되지 못합니다. 초대교회 그리스도인들은 예수님 안에서 그들의 자의식을 잃어버렸을 거라고 저는 믿습니다. 예수님이 그들의 생명이자 목숨이었으며 그것이 바로 우리가 따라야 할 모습입니다. 우리가 그렇게 할 때, 즉 우리 자신이 아니라 주님을 위해 살 때 거룩함은 결과적으로 따라옵니다. 우리가 그렇게 사람들을 섬길 때 하나님께서 우리를 더욱 효과적이고 강력하게 쓰실 수 있을 것입니다.

08

하나님의 새 포도주

　지금까지 우리는 하나님의 본성과 성품에 대해 공부하면서 그분의 진정한 본성을 알아야 하는 이유에 대해 살펴보았습니다. 그리고 아담으로부터 오늘날까지 하나님께서 인류를 어떻게 다루셨는지 알아보았습니다. 많은 사람들이 하나님의 진정한 본성을 모르는 이유는 과거부터 지금까지 이 문제에 대해 많은 혼동이 있어왔기 때문입니다. 저는 여러분들과 함께 왜 대부분의 사람들이 하나님을 구약과 신약에서 다르게 행동하는 이중인격자로 여기는지 따져보았습니다. 많은 사람들이 옛 언약과 새 언약을 합쳐서 이해해 보려 했지만 그것은 성공하지 못했습니다.

　또 구약은 신약을 보완해 주며 동시에 새 언약을 가리키고 있다는 것을 살펴보았습니다. 구약은 신약을 위한 길을 예비하였습니다. 그러나 우리가 신약과 구약 아래 동시에 거하려고 한다면 그것은 새 포도주를 헌 부대에 넣는 것과 같습니다. 그렇게 하면 헌 부대는 터지고 새 포도주는 쏟아져 버릴 것입니다. 또한 그것은 마치 낡은 옷에 새 천 조각을 기워 넣는 것과 같습니다. 그 옷을 빨고, 말리고 하는 과정에서 새 천 조각이 줄어들면서 신축성이 떨어진 헌 옷을 당겨 찢어버릴 것입니다.

이것은 예수님께서 누가복음 5장 36-39절에 나와 있는 예화를 통해 말씀하신 것입니다. 종교적인 지도자들은 주님을 구약의 전통과 교리 아래에서 행하게 하려고 했습니다. 예수님께서 새 포도주를 헌 부대에 담지 못하리라고 말씀하셨을 때 그것은 새 언약과 옛 언약의 관계에 대해 말씀하신 것입니다.

긍휼과 진리로 말미암아 불법이 정결하게 되며 주를 두려워함으로 말미암아 사람들이 악을 떠나느니라.   잠언 16:6

이 구절을 진심으로 숙고하고 분석해 보면 정말로 강력한 말씀이란 것을 알 수 있습니다. 이 구절은 긍휼과 진리로 말미암아 불법이 정결하게 된다고 합니다. 우리가 변화될 수 있는 유일한 방법은 긍휼과 진리로 인해 변화되는 것입니다. 하나님의 선하심이 우리를 회개로 이끌기 때문입니다.

또 주를 두려워할 때 악에서 떠나게 된다고 합니다. 진노, 심판, 정죄, 그리고 두려움으로 인하여 사람들로 하여금 악에서 떠나게 할 수 있습니다. 그래서 하나님은 구약의 율법, 곧 진노와 정죄의 일을 하는 율법을 주셔서 사람들로 하여금 죄를 멀리하도록 하신 것입니다. 율법은 사람들의 죄를 냉혹하게 다루었지만 그것은 하나님의 본심이 그래서가 아니라 두려움을 통해 죄로 달려가는 것을 막기 위한 것이었습니다.

율법은 이 땅에 죄가 번성하는 것을 억제하고 우리로 하여금 악에서 멀어지게 했지만 사람의 내면을 바꾸진 못했고 우리의 소원을 진정으로 변화시키지도 못했으며 하나님께서 바라시는 우리 내면의 변화도 일으키지 못했습니다. 율법은 그런 일을 할 능력이 전혀 없었기 때문입니다.

신약의 로마서, 갈라디아서, 히브리서는 구약의 율법이 약하고 쓸데없어서 버려야 할 것임을 보여줍니다. 갈라디아서 3장 12절에서 구약의 율법은 "믿음에서 난 것이 아니"라고 합니다. 로마서 14장 23절에서는 "믿음을 따라 하지 아니하는 것은 다 죄"라고 합니다. 매우 강경한 말씀들입니다.

구약은 그 자체의 목적을 위해서는 괜찮았으나 우리를 내면으로부터 변화시키는 데는 소용이 없었습니다. 그러나 긍휼과 진리는 그 일을 합니다. 율법이 한 일은 우리로 하여금 잠시 죄를 멀리하게 하고 구세주의 필요성을 나타내 주는 것이었습니다. 그러나 예수님께서 우리의 삶 가운데 긍휼과 진리로 오시자 죄가 우리의 속사람으로부터 속하여진 것입니다.

신약에서 말하는 변화

제가 아는 분의 간증을 소개하고자 합니다. 그녀는 여섯 살 때 고아가 되었습니다. 그녀의 어머니가 죽자 아버지는 그 상황을 감당할 수 없어서 알코올 중독이 됩니다. 아버지는 딸을 고아원에 보내며 "토요일마다 보러 올게."라고 했습니다. 그러나 아버지는 딱 한 번 찾아온 뒤 다시는 오지 않았습니다.

매주 토요일마다 그 아이는 아빠를 만날 준비를 했습니다. 가장 깔끔하게 옷을 입고 아빠가 오기를 기다렸습니다. 다른 아이들이 모두 이렇게 말했습니다. "너희 아빠는 안 올 거야. 다른 사람들처럼 널 버릴 거니까." 그러자 그 아이가 받아칩니다. "우리 아빠는 안 그래. 우리 아빠는 날 사랑해. 아빠는 꼭 올 거야." 하지만 몇 년을 그렇게 기다려도 아빠는 오지 않았습니다.

아이는 그것을 거절로 느끼기 시작했습니다. 그리고 자신을 사랑해 줄 사람을 목말라했습니다. 당시 토요일이 되면 사람들이 입양할 아이를 보러오곤 했습니다. 그 아이는 항상 가장 좋은 옷을 꺼내 입고 머리를 단장한 뒤 얌전하게 행동했습니다. 마음은 무너졌지만 미소를 띠고 행복한 척했습니다. 입양을 위해 고아원을 찾는 사람들은 입양되길 간절히 바라는 아이를 택하지 않습니다. 그들은 우는 아이, 사랑이 필요한 아이를 선택하지 않습니다. 그들은 자신을 기쁘게 해 줄 아이를 고릅니다.

대부분의 사람들은 무슨 일을 하든지 자신을 기쁘게 하려고 그 일을 합니다. 짝을 찾을 때도 그렇게 합니다. 자기가 사랑해 주고 도와줄 사람을 택하지 않고 자신이 되고 싶은 사람이 될 수 있게 도와주거나 무언가를 줄 수 있을 것 같은 사람을 택합니다. 마치 진공청소기 같습니다. 모든 것을 빨아들입니다.

그 고아원에 오는 사람들도 다르지 않았습니다. 그들은 그들의 도움을 가장 많이 필요로 하는 아이를 택하지 않았습니다. 오히려 그들이 가장 필요로 하는 아이를 택했습니다. 그래서 아무도 가르쳐주지 않았는데도 불구하고 그 아이는 입양되기 위해서는 연기를 해야 한다는 사실을 깨달았습니다. 그래서 그 아이는 자신이 할 수 있는 최상의 행동을 했습니다.

그런데 결국 그 아이는 입양되지 못했습니다. 하지만 자신의 환경을 어느 정도 극복했습니다. 고등학교 3학년 때는 회장으로 선출되었고 학교에서 퀸으로 선발되었습니다. 가장 인기 많고 가장 예쁜 학생으로 선발된 것입니다. 게다가 상이란 상은 다 휩쓸었지만 그것은 모두 연기일 뿐이었습니다. 그녀는 자신의 진짜 모습을 아무에게도 보여주지 않았습니다. 그녀의 삶 전체가 연기였고 다른 사람의 호의를 얻기 위한 것이었습니다.

마침내 그녀는 레이Ray라는 남성을 만났습니다. 레이는 믿는 가정에서 자랐고 많은 걸 가진 사람이었습니다. 그는 그녀를 사랑했고 둘은 결혼했습니다. 그녀는 요리를 할 줄 몰랐기 때문에 늦게까지 자지 않고 요리책을 보며 식사를 준비하려고 노력했습니다. 그럼에도 불구하고 그녀의 요리는 엉망이었지만 레이는 잘 먹었고 음식 맛에 대해 아무 말도 하지 않았습니다.

그녀는 항상 행위를 통해 인정받으려 했습니다. 절대로 맨얼굴을 남편에게 보이지 않았습니다. 항상 일찍 일어나 화장을 했고 누군가 그녀를 보기 전에 완벽하게 준비를 했습니다. 계속해서 행위로 인정받으려 했고 완벽한 이미지를 고수하고 있었습니다.

마침내 몇 달이 지나자 둘은 말다툼을 했습니다. 그녀가 울기 시작했습니다. 나중에 고백하기를 울던 자신의 모습이 끔찍했다고 했습니다. 눈과 코는 빨개졌고 마스카라는 흘러내려 그녀의 인위적인 외양을 전부 망쳐버렸던 것입니다. 그녀는 자신의 모든 공로를 망쳐버렸다고 믿었습니다.

다투던 도중에 그녀가 남편에게 말했습니다. "좋아요, 나를 떠나세요. 나랑 이혼하고 싶죠? 알았으니까 그냥 나를 떠나세요. 나는 상관없으니까."

그러자 남편이 그녀를 보며 말했습니다. "이혼이라고? 단지 의견이 안 맞는다고 이혼을 한단 말이에요? 여보, 나는 당신을 사랑해. 우리가 모든 것에 동의할 수는 없겠지만 난 당신과 이혼하지 않아."

레이의 그 말이 그녀를 완전히 무너뜨렸습니다. 자신의 행동이 완벽하지 않을 때에도 누군가가 자신을 사랑해 준다는 것이 믿어지지 않았습니다. 그녀의 낮은 자존감에도 불구하고 남편은 그녀를 무조건적으로 사랑했고 그의 사랑을 얻기 위해 연기를 하지 않아도 된다는 것을 알게 해주었습니다. 그녀가 최악일 때도 그는 동일하게 그녀를 사랑한 것입니다.

레이의 사랑, 곧 그의 마음에서 역사하시는 예수님의 무조건적인 사랑은 그녀의 인생을 바꿔주었습니다. 그녀는 이제 제가 아는 사람들 중에 가장 자존감이 높은 사람이 되었습니다. 더 이상 연기를 할 필요가 없다는 것을 알게 되었기 때문입니다.

남편을 통해서 본 하나님의 사랑 안에서 그녀는 안정을 찾았습니다. 그렇게 되기까지 오랜 시간이 걸렸지만 그 간증은 제가 들어본 간증 중에 가장 능력 있는 간증이었습니다.

그녀가 자기 이야기를 들려 줄 때 저도 공감이 되었습니다. 저는 사실 다른 사람들을 위하여 연기를 하지는 않았지만 하나님을 위해 연기를 했었습니다. 자라면서 내내 영적으로 연기를 했었습니다. 할 수 있는 한 최선을 다했습니다. 욕은 한 번도 하지 않았고 술도 한 방울 마시지 않았으며 담배도 피워 본 적이 없습니다. 그렇게 제가 할 수 있는 한 최대한으로 착하게 살았지만 항상 죄책감을 느꼈습니다. 세상 속에서 죄 가운데 술 마시고 날뛰며 모든 나쁜 짓을 다 하고 다니는 애들보다 하나님의 사랑을 덜 받는다고 느꼈던 것 같습니다.

저는 담배를 피우고 지옥에 떨어지는 꿈을 자주 꾸곤 했는데 그러면 꼭 식은땀을 흘리며 깼습니다. 또 식당 화장실 벽에 지저분한 낙서를 보기만 해도 엄청난 죄책감과 정죄감을 느꼈고 내가 더러워졌다는 느낌을 받았습니다. 그럴 때마다 그 생각을 떨쳐버리자면 며칠이나 몇 주씩 걸렸습니다. 엄격한 종교적인 환경이나 정죄하는 분위기 속에서 양육 받아본 적이 없는 사람들은 아마 이해하기 어려울 것입니다.

얼마나 죄를 지어야 너무 많이 지은 걸까?

"다들 그렇게 살아."라고 정당화하려고 해도 죄는 치명적인 것입니다. 삶을 예수님께 드려 구원받지 않고 하나님과 친밀한 관계를 갖지 않는다면 죄는 당신을 파괴하고 지옥으로 보낼 것입니다.

비록 대부분의 사람들의 기준으로 볼 때는 제가 거룩한 삶을 살고 있는 것처럼 보였지만 저는 하나님을 사랑하거나 그분과의 친밀한 관계로 들어갈 자유가 없었을 정도로 죄책감과 정죄감에 사로잡혀 있었습니다. 항상 하나님과 일정한 거리를 두고 있었고 하나님은 저에게 친밀하신 것 같지 않았습니다. 예수님이 저의 구주시며 제가 거듭났다는 것은 알았지만 아버지 하나님과의 친밀한 관계는 없었습니다. 그 많은 죄책감과 정죄감 아래에서 그것은 불가능한 일이었으니까요.

오늘날 대부분의 그리스도인들은 과거의 저와 같은 상태이며 그 이유는 하나님에 대한 구약적인 개념 때문이라는 것을 발견했습니다. 사람들은 생각을 새롭게 한 적이 없기 때문에 하나님께서 항상 벌을 주시려고 그들을 지켜보고 있다고 생각합니다. 그들이 죄를 하나라도 지으면 축복을 거둬 가시거나 그들과 함께하지 않으실 거라고 믿습니다.

만약 여러분이 거듭났고 성령세례를 받은 사람이라면 죄를 지었다고 하나님께서 지옥에 보내신다고 생각하지는 않을 것입니다. 그러나 하나님께 구하는 것을 받지는 못할 거라고 믿고 있을 것입니다. 자신이 잘못한 게 맞으니까 하나님께서 우리가 충분히 괴로워하길 원하신다고 생각하는 것입니다.

우리는 대부분 자격이 있어야 하나님께 받는다고 믿습니다. 그러나 그것은 하나님의 본성이 아닙니다.

사람들이 이것에 대해 무지하기 때문에 계속 행함을 통해 인정받으려 하고 "하나님, 제가 한 일을 보세요. 이만하면 충분하지 않나요?"라고 말하기 위해 엄청난 노력을 합니다. 그러나 우리는 결코 충분할 수 없습니다. 우리는 결코 어떤 일도 충분하게 할 수 없습니다. 우리가 하나님의 축복을 받기에 충분한 일을 할 수 있었다면 예수님께서 우릴 위해 죽으실 필요가 없었습니다!

그렇다고 죄 가운데 살면서 "할렐루야, 나는 예수님께서 하신 일을 통해 축복받는다. 그냥 죄 가운데 살아도 상관없어."라고 하자는 것입니까? 아닙니다! 거룩함이 없을 때 그것은 사탄과의 관계에 영향을 미칩니다! 우리가 불경건한 삶을 살면 사탄이 우리를 지배할 것이고 궁극적으로 하나님과 교제하는 우리의 능력에 영향을 미칠 것입니다.

> 도둑이 오는 것은 도둑질하고 죽이고 멸망시키려는 것뿐이요 내가 온 것은 양으로 생명을 얻게 하고 더 풍성히 얻게 하려는 것이라
>
> 요한복음 10:10

사탄에게 자리를 내주지 마십시오. 죄 가운데 사는 것은 자신의 양심을 더럽히는 것이고 하나님을 향한 마음을 완악하게 하는 것입니다. 그러나 하나님의 사랑은 우리가 저지른 일과 상관없이 여전히 한결같습니다. 이 얘길 듣고 이렇게 말할 수도 있을 것입니다. "믿어지지가 않아요. 나의 삶에 죄가 있는데 하나님께서 나를 사랑하신다는 말이에요?"

자, 그럼 이렇게 질문해 보겠습니다. 죄가 무엇입니까? 죄란 단지 우리가 행한 일만이 아닙니다. 야고보서 4장 17절은 이렇게 말씀합니다. "그러므로 사람이 선을 행할 줄 알고도 행하지 아니하면 죄니라" 죄에 대해 성경이 제시하는 정의를 사용한다면 우리 중에 그 누구에게도 하나님께서 주신 모든 계시를 실행할 능력이 없습니다. 쉬지 않고 기도하는 사람도 없고 항상 하나님의 나라를 먼저 구하는 사람도 없으며 매 순간 하나님을 섬기는데 헌신하는 사람도 없고 다른 사람을 자기 몸처럼 사랑하는 사람도 없습니다.

삶의 모든 영역에서 완전하게 행하는 사람은 단 한 사람도

없고 완전하게 행하지 않는 것이 바로 죄 가운데 사는 것입니다! 그런데 하나님께서 죄가 있는 사람과는 교제하지 못하신다면 하나님께서 교제하실 수 있는 사람은 아무도 없다는 말이 됩니다! 만약 하나님께서 더러운 그릇을 사용하실 수 없다면 하나님께서 사용하실 수 있는 사람은 아무도 없습니다.

저의 영은 완전히 깨끗하지만 육신은 여전히 실수를 합니다. 저는 완벽하지 못하며 여러분도 그렇습니다. "그래도 하나님께서 죄가 있는 사람을 사랑하실 수 있다는 말을 못 믿겠어요."라고 할 사람도 있을 것입니다. 그런 사람들은 죄의 종류를 나눕니다! 그런 사람들이 진짜 하는 말은 이것입니다. "이런 죄들은 하나님께 문제가 될 만큼 나쁜 것이지만 저런 죄들은 경계선을 넘지 않았고 모두가 범하는 일부 악의 없는 죄들은 괜찮은 거야."

그것은 전혀 하나님의 방법이 아닙니다! 야고보서 2장 10절은 이렇게 말합니다. "누구든지 온 율법을 지키다가 그 하나를 범하면 모두 범한 자가 되나니" 여러분, 이것이 성경이 말씀하는 기준입니다. 이것이 하나님께서 보시는 시각입니다!

저는 평생 한 번도 욕을 해본 적이 없지만 하나님의 율법은 완전한 기준이기 때문에 저 역시 신성모독의 죄를 지은 것입니다. 왜냐하면 율법은 커다란 통유리창과 같기 때문입니다.

그 유리에 비비탄을 쏠 수도 있고, 피아노를 던질 수도 있고, 트럭으로 밀고 지나갈 수도 있습니다. 유리를 깬 물건의 크기는 상관이 없습니다. 조금이라도 깨지면 깨진 것입니다! 통유리이기 때문에 조금 깨졌든 많이 깨졌든 유리 전체를 갈아야 하는 것은 마찬가지입니다.

하나님의 기준은 완벽합니다. 그래서 내가 완벽하든지 아니면 나를 대신해 줄 완벽한 구세주가 필요합니다. 제가 다른 사람보다 율법을 적게 어겼어도 저는 하나님의 율법을 완전히 다 어긴 것입니다. 하나님의 율법은 하나의 완벽한 것이기 때문입니다.

계명에는 수백 가지가 있고 우리는 그 모든 것을 완벽하게 지켜야 합니다. 어떤 실수라도 하면 우리는 하나님과 문제가 생깁니다. 구세주가 없다면 말입니다. 그런데 우리에게는 구세주가 계시니 우리의 행함을 통해서가 아니라 예수님께서 우리를 위해 이루어 주신 일과 그분의 긍휼을 통해 우리는 하나님 안으로 들어가는 것입니다.

그렇다면 우리는 왜 거룩한 삶을 살기 위해 노력해야 할까요? 우리가 작은 틈이라도 열어준다면 사탄이 그것을 이용할 것이기 때문입니다. 사탄이 필요로 하는 것은 우리 삶에 발을 붙일 1%의 틈입니다. 그 틈은 하나님과 우리 사이의 친밀한 관계를 갈라놓을 수 있습니다. 우리가 죄를 범하여 마귀에게 자리를 내어주면 그런 일이 일어납니다. 우리 삶 가운데 하나님의 자리를 사탄에게 내어주는 것이기 때문입니다. 그렇기 때문에 어떤 죄라도 깨닫게 되면 바로 회개하고 하나님과의 친밀함을 회복하여 마귀를 내어 쫓으십시오!

> 그런즉 너희는 하나님께 복종할지어다 마귀를 대적하라 그리하면 너희를 피하리라 하나님을 가까이하라 그리하면 너희를 가까이하시리라 죄인들아 손을 깨끗이 하라 두 마음을 품은 자들아 마음을 성결하게 하라   야고보서 4:7-8

이것이 새 포도주입니다. 하나님께 순복하는 것, 하나님을 가까이하는 것 말입니다. 그러면 **그분의 강하심과 그분의 무조건적인 사랑에 대한 신뢰 안에서** 우리의 손이 깨끗해지고 우리의 마음이 죄로부터 성결하게 될 것입니다.

야고보가 믿는 자들을 죄인이라고 부르고 있는 것을 보십시오. 이것에 대해 하나님의 말씀이 제시하는 하나님의 답은 무엇입니까? "하나님께 복종하라. 하나님을 가까이하라. **그러면** 우리는 깨끗해지고 성결해진다. 그렇게 하고 나서 마귀를 쫓아내어라."

구약의 율법은 우리가 지킬 수 없는 엄격한 기준을 제시하여 결국 우리는 구세주를 필요로 한다는 것을 깨닫게 합니다. 이것은 우리가 구원을 받기 전이나 후에도 마찬가지입니다. 예수님은 우리가 거듭나던 그날, 우리를 영원한 죽음과 지옥으로부터 구원하셨습니다. 그분은 또한 지상에서 우리의 삶 가운데 우리를 죄, 질병, 가난, 그리고 사탄의 모든 공격으로부터 매일매일 구원하고 계십니다.

종교는 우리가 율법을 지킨다면 하나님께서 우리를 축복하실 거라고 말합니다. 또한 종교는 우리로 하여금 하나님을 의지하지 않고 자신을 바라보게 합니다. 그러나 우리는 우리 자신의 노력과 행함을 의지하여 하나님의 축복을 얻어내려는 시도를 멈춰야 합니다! 우리가 한 일 대신에 예수님께서 하신 일을 의지하고 그 안에서 안식하십시오.

이렇게 하는 것이 **새** 부대에 새 포도주를 담는 것입니다!

09

하나님 중심이 될 때 오는 능력과 기쁨

구약에서 우리는 사람들의 불순종에 임한 하나님의 진노와 심판을 볼 수 있습니다. 완벽하지 않으면 하나님으로부터 받을 자격이 없다는 것을 보여주시려 했던 것입니다.

물론 사람들의 마음이 변화되지 않았기 때문에 구약 아래에서는 아무도 완벽할 수 없었습니다. 하나님께서 짐승과 물질로 제사를 드리도록 하신 이유가 바로 그 때문이었습니다. 그러나 히브리서는 모든 제사들을 종식시킨 한 제사에 우리가 참여할 수 있게 되었음을 분명하게 보여주고 있습니다. 예수님께서 죄를 위한 한 번의 제사를 드리셨는데 그것은 영원한for all times 제사였습니다. 우리가 더 이상 죄를 의식할 필요가 없도록 우리를 정결케 해 주신 것입니다.

구약의 율법은 우리에게 죄에 대한 지식을 주었으며 타락 이후 인류에게 가장 큰 문제가 되었습니다. 그 문제는 바로 **자기중심적인 사고방식**입니다. 율법을 지키느라 지친 사람들은 그들의 죄에 집착하게 되었으며 그 말은 곧 사람들이 항상 자기 자신에게 집중하게 되었다는 뜻입니다. 이런 사람들은 항상 자기를 의식합니다. 자신이 죄를 지었는지 아닌지를 의식합니다. 어떤 문제가 혹시 자기 때문은 아닌지 그리고 자신이 얼마나 부족한지에 대해 매우 민감합니다.

자기중심적인 사고방식은 하나님과의 관계를 황폐하게 만듭니다.

우리로 하여금 예수님을 증거하지 못하게 하는 것은 우리가 얼마나 완벽과 거리가 먼지, 그것을 인식하는 것이라고 저는 생각합니다. 그런 상태로 예수님에 대해 말하는 것에 죄책감을 느끼는 것입니다. 자기중심적인 사람들은 다른 사람들이 자기를 어떻게 생각할까 항상 생각하니까요.

담대해지는 방법은 하나님만 깊이 인식하고 자기 자신에 대해서는 잊어버리는 것입니다. 우리는 하나님 안에서 자의식을 버릴 수 있습니다. 또한 다른 사람들의 생각과 자기 자신에 대해 신경 쓰지 않는 경지에 이를 수 있습니다. 완전히 하나님 중심이 될 수 있다는 것입니다.

어떻게 자기중심이 되는가

자기중심적이 되는 가장 빠른 방법은 "좋아, 나는 나 자신을 잊어버릴 거야!"라고 결심하는 것입니다. 자기에게 집중하면서 "자아는 떠날지어다!"라고 하는 그 순간, 우리의 관심은 자기 자신에게 꽂히기 때문입니다!

저는 교회에서 "자아에 대해 죽으라"는 가르침을 받으며 성장했습니다. 성경에서도 자아에 대해 죽으라고 하는 것이 사실이지만 저는 멍청한 방법으로 그것을 실천하려 했었습니다. 당시 저는 모든 것을 다해 하나님을 구하고 있었습니다. 그때 자아에 대해 죽는 방법에 관한 설교를 들었는데 죄수를 처형할 때 사용되는 전기의자에 자신이 앉아 있는 것을 상상하는 방법이었습니다.

그래서 저도 매일 아침 일어나면 저 자신을 전기의자에 묶는 모습을 상상했습니다. 그러면서 제 안에서 부패한 것들이 전부 다 나올 때까지 저의 문제를 하나하나 되뇌었습니다. 저 자신이 얼마나 끔찍한 존재인지를 깨달을 때까지 그렇게 한 것입니다. 그렇게 하는 것이 자아를 십자가에 못 박는 것이라고 생각했기 때문입니다. 저의 "자아"가 얼마나 비참한가를 인식함으로써 자아에 대해 죽으려 했던 것이지요.

그러나 그것은 실패했습니다. 그런 식으로 자아에 대해 죽으려 한 뒤로 오히려 나 자신에 대해 생각하는 시간과 내 죄에 집중하는 시간이 그 전보다 훨씬 더 많아졌다는 것을 마침내 깨달았습니다. 저는 그 어느 때보다도 자기중심이 되어 있었던 것입니다!

저는 너무나 종교적이었고 패배감으로 낙심되어 있었는데 사람들은 그런 모습을 보며 참 겸손하다고 등을 두드려 주었습니다. 사람들은 대부분 다른 사람들보다 자신이 더 잘났다고 생각하는 것을 교만이라고 믿습니다. 그것도 교만의 한 형태이지만 "아! 나는 이 세상에서 가장 형편없는 존재야!"라고 하는 것은 더 높은 형태의 교만입니다.

대부분의 그리스도인이 그것은 교만이 아니라고 생각합니다. 그러나 교만은 다른 말로 자기중심입니다. 자신이 다른 사람들보다 낫다고 생각해서 자기중심적이든, 자신이 다른 사람들보다 못하다고 생각해서 자기중심적이든 모두 자기중심입니다. 그리고 자기중심은 교만입니다.

자신이 다른 사람들보다 더 낫다고 생각하는 것보다 자신을 쓰레기 같은 존재라고 생각하는 것이 우리로 하여금 더 자기중심이 되게 합니다. 자기가 다른 사람들보다 낫다는 생각보다는 못하다는 생각에 훨씬 더 쉽게 공감할 수 있기 때문입니다.

결국 나보다 더 나은 사람이 나타날 것이라고 생각하는 것은 쉽지만 우리가 정말로 낙심해 있을 때는 나보다 더 한심한 인간은 없을 거라고 믿는 것이 어렵지 않습니다! 그렇지 않더라도 최소한 우리는 다른 사람이 나보다 더한 지경인지 아닌지 알 수 없지 않습니까? 왜냐하면 우리는 자기 자신에 대해선 잘 안다고 생각하기 때문입니다!

자기중심적인 사고를 버리는 방법

"전기의자"에 앉아 자아를 죽이려 했지만 오히려 저는 자아에 집중함으로써 자아를 부활시키고 더욱 빛나게 했습니다. 자아에 대해 정말로 죽는 방법은 마치 우리가 사랑에 빠졌을 때처럼 다른 누군가에 초집중하여 자신에 대해 잊어버리는 것입니다.

사랑에 빠진 사람은 상대방을 생각하느라 자신에 대해서는 완전히 잊어버립니다. 정상적인 조건에서는 하지 않을 말과 행동도 서슴없이 합니다. 사랑에 빠졌기 때문에 상대방만을 의식하느라 사실상 자신에 대해서는 잊어버린 것이지요.

제가 사역을 시작하기 전에 시멘트를 붓는 일을 한 적이 있었는데 가장 친한 친구도 거기서 일을 했고 상사도 그리스도인이었습니다. 우리는 하루에 한 명꼴로 사람들을 예수님께로 인도했습니다. 대상은 시멘트 트럭 운전수, 우리에게 간식을 파는 사람들 등이었습니다. 거기서 일하는 인부 대부분이 구원받지 못한 사람들이었기에 계속적으로 그들에게 복음을 전했습니다. 인부들은 그런 저를 별종이라 생각했고 어떻게 해서든지 저에게서 꼬투리를 찾으려고 했습니다. 저를 놀릴 만한 이유를 찾으려고 애를 썼지요.

당시 지금의 아내와 교제하다가 막 약혼을 한 상태였는데 그들은 우리가 교제하는 동안 서로에게 거짓말한 적이 없고 순결을 지켰다는 사실을 믿지 못했습니다. 그들은 매일매일 저를 놀렸습니다. "간밤에 둘이 뭐했어?" 이렇게 항상 저를 추궁하면서 저로 하여금 화를 내도록 만들려고 한 것이지요.

제 아내 제이미와 저는 손도 잡아보기 전에 결혼하기로 약속했습니다. 하나님께서 우리를 연결해 주신 과정이 너무 놀라웠기 때문입니다. 제이미와 사랑에 빠진 저를 동료들은 계속 놀려댔습니다. 그래서 저는 제이미에 대해 언급하지 않기로 했습니다. 몹시 더운 어느 날, 창틀을 설치하고 있었는데 일하는 동안에 물기가 시멘트 위로 베어 나와 저의 얼굴이 비칠 정도였습니다. 거기 앉아 일하면서 저는 계속해서 이렇게 말하고 있었습니다. "제이미, 사랑해!" 저도 모르게 입을 벌려 크게 소리를 낸 것입니다. 처음엔 생각만 했었는데 나중엔 저도 모르게 "제이미, 사랑해"라고 말을 했던 것입니다. 그러고는 시멘트에 고인 물을 내려다봤는데 제 얼굴 말고도 제 주변에 시커먼 남자들의 얼굴이 비쳤습니다! 그 뒤로 그들은 저를 더욱 힘들게 했습니다!

제가 저에게 집중했다면 그런 말을 절대 하지 않았을 것입니다. 온통 제이미 생각에 저 자신을 잊어버렸던 것입니다. 주님과의 관계도 이와 같아야 합니다. 자아에 대해 죽는 방법은 '나는 참 한심해'라고 생각하며 자기 자신에게 집중하는 것이 아닙니다. 반대로 온 마음을 모두 하나님께 집중하여 자신에 대해 잊어버리는 것입니다.

우리는 하나님 안에서 자의식을 잃을 수 있습니다. 1968년 3월 23일, 저는 주님을 경험했고 그것을 통해 하나님은 저의 삶을 바꿔놓으셨습니다. 당시 저는 저를 향한 하나님의 사랑에 완전히 사로잡혀서 솔직히 말해, 이 세상을 인식할 수가 없었습니다. 4개월 반이 지난 뒤에야 TV와 라디오가 있었다는 것을 기억해 냈으니 말입니다. 당시 저는 제가 무슨 경험을 하는 것인지도 전혀 몰랐고 저 자신에 대해서는 완전히 잊어버렸었습니다.

저는 천성이 내성적입니다. 제가 고등학교 다닐 때 어떤 사람이 저에게 "굿 모닝"하고 인사를 했는데 한참 걸어가서 그 사람과 뚝 떨어진 후에야 답을 할 수 있을 정도였습니다. 너무나 내성적이어서 사람들에게 말을 걸거나 그들과 교제하는 것이 너무 힘들었습니다. 그러나 하나님께서 저를 얼마나 사랑하시는지 알게 되자 하나님의 사랑에 압도되어 저 자신에 대해 생각할 겨를이 없었습니다.

저는 편의점에서 담배나 맥주를 사 들고 나오는 사람들을 붙잡고 "당신은 지옥에 갑니다. 예수님을 영접해야 해요!"라고 할 정도로 변화되었습니다. 모두가 보는 앞에서 그렇게 했습니다. 지금 생각하면 그것이 좋은 전도 방법은 아니었지만 강조하고 싶은 것은 제가 완전히 변했다는 것입니다. 하나님께서 나를 얼마나 사랑하시는지 깨닫게 됨으로써 저 자신에 대해 완전히 잊어버렸습니다. 하나님의 사랑이 저의 삶을 바꿔 놓은 것입니다.

구약의 율법은 결코 그렇게 하지 못했습니다. 율법은 저를 바꾸지 못했습니다. 율법은 항상 제가 얼마나 죄인인가를 깨닫게 했습니다. 그것은 사망과 저주의 역사였습니다. 율법은 저로 하여금 몇몇 죄에서는 멀어지게 해 주었지만 저는 여전히 전적으로 자기중심적이었습니다. 그리고 자기중심에 갇혀있는 것 자체가 속박이었습니다.

그런데 하나님께서 무조건적인 사랑을 나타내 주심으로써 저를 자유케 해 주셨습니다. 그 사랑은 저로 하여금 죄 가운데 살도록 부추기지 않았습니다. 오히려 그 이전보다도 더욱 거룩한 삶을 살게 되었습니다. 차이점이 있다면 전에는 하나님의 축복을 얻어내려는 노력으로 그렇게 했었는데 이제는 하나님을 사랑하기에 거룩하게 산다는 것입니다.

하나님의 사랑

제가 하는 말을 이해하셨다면 구약의 율법 아래에서 벗어난다는 것은 자유롭게 죄를 짓는다는 말이 아니라 오히려 죄로부터 자유케 되는 것임을 이해하게 될 것입니다. 또한 우리가 범했던 죄들은 우리를 더 이상 힘들게 하지 못할 것이며 우리로 하여금 패배감과 부정적인 생각을 갖게 하지 못할 것입니다. 하나님의 사랑이 그 모든 죄를 저 멀리 던져버리기 때문입니다. 하나님의 사랑이 나를 억압하는 죄의 힘을 깨뜨리시기 때문에 우리는 마침내 우리의 삶을 향한 하나님의 뜻을 찾고 추구할 수 있게 됩니다. 할렐루야!

그리스도께서는 장래 좋은 일의 대제사장으로 오사 손으로 짓지 아니한 것 곧 이 창조에 속하지 아니한 더 크고 온전한 장막으로 말미암아 염소와 송아지의 피로 하지 아니하고 오직 자기의 피로 영원한 속죄를 이루사 단번에 성소에 들어가셨느니라 염소와 황소의 피와 및 암송아지의 재를 부정한 자에게 뿌려 그 육체를 정결하게 하여 거룩하게 하거든 하물며 영원하신 성령으로 말미암아 흠 없는 자기를 하나님께 드린 그리스도의 피가 어찌 너희 양심을 죽은 행실에서 깨끗하게 하고 살아 계신 하나님을 섬기게 하지 못하겠느냐

히브리서 9:11-14

예수님께서는 **단번에** 성소에 들어가셨습니다. 그분은 여러 번이 아니라 한 번 들어가셔서 우리를 위한 영원한 속죄를 이루셨습니다. 이것이 중요합니다. 13절은 구약의 율법이 하는 일을 설명하는 것입니다. 그 제사는 구약시대의 믿는 자들의 죄를 속할 수는 있었으나 그들의 영을 정결하게 하지는 못했습니다. 자기중심 대신에 하나님 중심이 되기 위해서는 죽은 행실과 죄책감, 정죄와 불완전함 등으로부터 우리의 양심이 깨끗케 되어야만 하기 때문입니다. 예수님의 제사만이 그렇게 할 수 있습니다.

육신으로서는 제가 불완전함을 압니다만 영으로서는 하나님께서 제게 필요한 것들을 갖추어 주셨기 때문에 예수님께서 공급하신 모든 것을 가지고 있습니다. 또한 모든 믿는 자들에게 제공된 능력은 동일합니다. 다만 각각의 그리스도인들이 그 능력을 다르게 경험하고 있을 뿐입니다.

우리 모두는 예수님으로 인해 모든 것을 완전하게 갖추게 되었습니다. 그렇기 때문에 우리의 양심은 죽은 행실로부터 정결케 될 수 있고 또 그렇게 되어야만 합니다. 우리는 죄의식과 자기중심적인 사고방식으로부터 정결케 되어야 하며 완전한 하나님 중심의 사고방식을 가져야 합니다.

> 율법은 장차 올 좋은 일의 그림자일 뿐이요 참 형상이 아니므로 해마다 늘 드리는 같은 제사로는 나아오는 자들을 언제나 온전하게 할 수 없느니라 그렇지 아니하면 섬기는 자들이 단번에 정결하게 되어 다시 죄를 깨닫는 일이 없으리니 어찌 제사 드리는 일을 그치지 아니하였으리요   히브리서 10:1-2

만약 구약의 제사가 그것이 예표 하던 것을 정말로 완성할 수 있었다면 그들은 제사를 그만 드려도 됐을 것입니다. 이 제사들을 통해 보여주고자 한 것은 죄를 씻는 것이었는데 그것이 진정으로 효과가 있었다면 믿는 자들이 정결케 되어 더 이상 자신의 죄에 대한 인식이 없었을 것이므로 제사 드리기를 멈췄을 것입니다.

그러나 이 제사들에는 해마다 죄를 기억하게 하는 것이 있나니 이는 황소와 염소의 피가 능히 죄를 없이 하지 못함이라 그러므로 주께서 세상에 임하실 때에 이르시되 하나님이 제사와 예물을 원하지 아니하시고 오직 나를 위하여 한 몸을 예비하셨도다 번제와 속죄제는 기뻐하지 아니하시나니 이에 내가 말하기를 하나님이여 보시옵소서 두루마리 책에 나를 가리켜 기록된 것과 같이 하나님의 뜻을 행하러 왔나이다 하셨느니라 위에 말씀하시기를 주께서는 제사와 예물과 번제와 속죄제는 원하지도 아니하고 기뻐하지도 아니하신다 하셨고 (이는 다 율법을 따라 드리는 것이라) 그 후에 말씀하시기를 보시옵소서 내가 하나님의 뜻을 행하러 왔나이다 하셨으니 그 첫째 것을 폐하심은 둘째 것을 세우려 하심이라   히브리서 10:3-9

이 말씀을 요약하면 구약의 제사가 할 수 없었던 일을 예수님께서 하셨다는 것입니다. 만일 구약의 제사가 효과가 있었다면 우리로 하여금 더 이상 죄를 의식하거나 자각하지 않을 정도로 우리의 양심을 정결하게 했을 것입니다. 그러나 구약의 제사는 그렇게 하지 못했습니다. 하지만 예수님께서 행하신 신약의 제사는 그렇게 할 수 있었습니다.

우리가 예수님을 통해 유업으로 받은 것은 우리가 하나님만을 의식할 수 있게 되었고, 너무나도 사랑받았고, 너무나도 용서받았고, 너무나도 죄에서 정결해졌기 때문에 결과적으로 죄에 대한 어떤 의식도 없이 하나님께 나아갈 수 있다는 것입니다.

어떤 사람들은 이해가 안 된다고 생각할 수도 있습니다. 하나님께 나아가려면 죄를 고백해야 한다고 믿기 때문입니다. 기도가 왜 대부분의 사람들에게 고역인지 아십니까? 하나님과 교제하고 그분을 예배하는 것이 아니라 우리가 어떤 잘못을 했는지 말해야 하고 지난날의 모든 잘못을 고백하면서 우리 자신이 얼마나 부패했고 자격이 없는지 상기시키기 때문입니다. 그러니 기도하는 시간이 그리 기쁘지 않은 것이지요. 그런 상태로는 잠깐만 기도해도 고역입니다.

누구라도 자신이 얼마나 썩었는지 상기시키는 기도를 하기보다는 차라리 축구 방송이나 보러 갈 것입니다. 꼭 기도해야 할 일이 있어도 말입니다. 왜 그럴까요? 운동경기를 중개하는 아나운서는 절대 이렇게 말하지 않으니까요. "이 형편없는 인간들아! 너희들은 하나님께 죄를 지었어. 너희들 중에 십일조를 하지 않은 인간들도 있지. 세상의 빛으로 살지도 않았어. 배우자에게 못되게 굴고 아이들과도 충분한 시간을 보내지 않았잖아!"

만약 경기를 중개하는 아나운서가 경기 중간 중간에 우리가 잘못한 것들에 대해 잔소리를 한다면 다른 채널로 돌려버릴 것입니다. 하물며 광고도 우리의 기분을 좋게 합니다. 우리로 하여금 그 제품을 사게 하려고 무슨 말이든 하니까요. 우리를 미소 짓게 하고 기분 좋게 만듭니다. 그렇기 때문에 많은 사람들이 기도하며 내가 얼마나 부패했는지 고백하는 것보다는 TV 보는 것을 선택하는 것입니다.

때로는 죄 고백도 필요하지만 그때 기분이 좋지는 않습니다. 하지만 오직 내가 얼마나 잘못했는지 말씀드리기 위해 하나님께 나아가는 것이 나와 하나님 관계의 전부라면 우리는 그분과 보내는 시간이 즐거울 수 없습니다. 하나님께서 그것을 바라시는 것도 아닌데 우리 대부분이 그렇게 생각하도록 길들여져 온 것입니다. 이러한 태도를 가진 사람이라면 마귀가 일부러 정죄할 필요도 없습니다. 이미 자기를 정죄하는 일에 선수니까요!

대부분 우리들은 너무나 종교적인 가르침을 받아왔습니다. 그 결과 기도할 때 자신을 바닥에 때려눕혀 짓밟고 침을 뱉으며 자신이 얼마나 끔찍하고 타락했는지 얘기합니다. 그러면서 동시에 자신이 왜 하나님의 임재를 누리지 못하는지 의아해합니다!

아직 한 번도 이렇게 한 적이 없다면 지금 바로 그분의 임재 안으로 들어가서 하나님의 사랑을 받아 누리고 하나님의 성품을 인하여 그분을 찬양하면 어떻겠습니까? 그분은 우리를 사랑하시며 우리는 그분의 자녀입니다. 최근에 무슨 일을 저질렀더라도 이것은 변치 않는 진리입니다!

결론

지금까지 제가 말씀드린 것은 정말로 단순하고 모든 그리스도인들이 마땅히 알아야 할 것들입니다. 그러나 슬프게도 천 명에 한 명도 안 되는 그리스도인들만이 하나님의 본성에 대하여 정확한 개념을 가지고 있는 것 같습니다.

우리 대부분은 우리가 받은 속죄함과 예수님께서 우리를 위해 하신 일을 제대로 깨닫지 못한 채 하나님께 나아가고 있습니다. 행함을 통해 인정받으려는 자세를 계속적으로 취해 온 것입니다. 예수님께서 하신 일에 믿음을 두기보다 우리가 한 일에 믿음을 두었습니다. 그리고 사탄이 우리의 잘못을 지적하자마자 스스로를 정죄하기 시작하면서 '내 삶에 풀리지 않는 문제가 있었던 것은 그것 때문이란 걸 깨달았다'고 하나님께 말합니다.

거듭나는 것은 왜 그렇게 쉬웠는지 아십니까? 그것은 온전히 예수님께서 하신 일에만 기초한다고 들었기 때문입니다. 우리에게 구원받을 자격을 준 것은 우리가 기도를 얼마나 많이 했는가, 성경 공부를 얼마나 많이 했는가, 교회에 빠짐없이 참석했는가, 십일조는 했는가 등과 같은 우리의 선한 행위가 아니었습니다. 오직 예수님께서 하신 일, 그분의 공로 그리고 그분의 선하심에 기초했기에 우리 자신이 얼마나 죄인이었는지 상관없이 예수님께 믿음을 둘 수 있었고 그 결과 역사상 가장 큰 기적을 받을 수 있었던 것입니다.

그러나 해결 받아야 할 문제가 치유나 재정 같은 것이면 우리는 자신이 한 일을 바라보며 "하나님, 최선을 다했는데 이 정도면 될까요?"라고 합니다. 아니요. 그것으로 충분하지 않고 영원히 충분하지 못할 것입니다!

우리는 성경 공부와 방언 등, 해야 할 영적인 일들을 모두 해 왔습니다. 그러나 그런 것들을 하는 이유가 하나님을 더 잘 알고 **우리 자신을** 세우기 위함이어야지 하나님으로 하여금 우리를 축복하시도록 만들기 위해서거나 또는 우리에 대해 더 좋은 인상을 드리기 위해서 하는 것이어선 안 됩니다. 이 경주를 하면서 강인함을 유지하고 경주를 완수하기 위해 그런 일들을 해야 하는 것은 맞습니다. 그러나 제가 하나님의 말씀을 고백하거나 방언기도를 하는 이유는 하나님을 움직이기 위함이 아니라 **나 자신이 그분께 가까이 가기 위함입니다.** 저의 거룩함은 저에 대한 하나님의 태도를 바꾸지 않습니다. 그분을 향한 저의 태도를 바꿀 뿐입니다.

> 또 우리 형제들이 어린 양의 피와 자기들이 증언하는 말씀으로써 그를 이겼으니 그들은 죽기까지 자기들의 생명을 아끼지 아니하였도다 계시록 12:11

저는 어린 양의 보혈과 저의 고백, 즉 그 보혈에 대한 믿음의 고백으로 마귀를 이깁니다. 나의 업적으로 하나님을 감동시켜 드려서 마귀를 이기는 것이 아닙니다. 기도로 하나님께 조를 필요도 없고 말씀을 많이 고백해서 하나님을 감동시킬 필요도 없습니다. 하나님의 말씀을 어떻게 고백하는지 몰라도 기적을 경험한 사람들이 있습니다. 그들의 마음이 하나님 앞에 바르기 때문입니다. 우리의 마음이 바르고 또 거기다가 하나님 말씀까지 고백하면 하나님께 응답받는 것이 더 잘 되었을 것입니다. 하나님은 마음을 보시기 때문입니다.

구원을 받자마자 하나님께 기도 응답 받는 것이 쉬웠던 이유는 그때는 믿음을 온전히 예수님께 두었기 때문입니다. 그러나 사람들은 거듭난 이후에 자신을 의지하기 시작하는 경향이 있는데 그것은 속박입니다. 삶을 주님께 드려 거듭난 뒤에 하나님의 사랑에 대한 지식은 늘었어도 그 사랑을 삶에서 경험하지 못하는 이유는 하나님의 사랑 안에 거하지 않고 오히려 자신들이 한 일에 거하기 때문입니다.

당신도 그런 경우입니까? 당신을 향한 예수님의 사랑은 무조건적이란 사실을 알고 있습니까, 아니면 "받을 자격만큼만" 사랑을 받고 있다고 느끼십니까? 사랑받을 자격이 없다고 느낀다면 결코 자신을 열어 하나님의 사랑을 받아들이지 못할 것입니다.

하나님은 당신을 가깝고 은밀한 장소로 불러 친밀한 교제를 나누기 원하십니다. 그것을 간절히 원하십니다. 하나님은 당신을 갈망하고 계신데 자신에겐 그럴 자격이 없는 것 같아서 하나님께 나아가지 않고 있습니까? 하나님 앞에 나아가고자 하는 자신이 왠지 위선자같이 느껴지십니까? 하나님께서 꾸짖으시며 "어떻게 감히 내 임재 안으로 들어오려고 하느냐? 벌레만도 못한 것들아!"하고 소리치실 것 같습니까?

꼭 제가 쓴 표현을 그대로 쓰지는 않더라도 아마 비슷한 개념일 것입니다. 하지만 그렇지 않습니다. 하나님은 당신의 마음을 보십니다. 하나님은 당신 안에 있는 영의 사람을 보십니다.

당신의 영은 의롭고 거룩하고 순결합니다! 당신은 하나님 앞에 당당히 나아가 "아빠, 아버지!"라고 부를 수 있습니다. 그분과 친밀한 일대일의 교제를 나눌 수 있습니다.

하나님은 우리를 사랑하십니다. 그런데 많은 사람들이 죄의식 때문에 그러한 친밀한 관계를 누리지 못했습니다. 우리의 양심은 죄를 기억하고 거기에 사로잡혀 있기 때문입니다. 우리는 우리 자신을 죄인으로 보아왔습니다. 그러나 성경 말씀은 우리가 진정으로 속죄를 이해했다면 우리는 더 이상 죄의식을 가질 필요가 없다고 분명히 선포하고 있습니다.

> 그러므로 우리는 긍휼하심을 받고 때를 따라 돕는 은혜를 얻기 위하여 은혜의 보좌 앞에 담대히 나아갈 것이니라
>
> 히브리서 4:16

우리는 담대하게 은혜의 보좌로 나아가 때를 따라 돕는 긍휼을 받을 수 있습니다. 우리가 완벽히 행하고 모든 것이 잘 돌아갈 때뿐만 아니라 다 망쳐버리고 문제가 생겼을 때도 말입니다. 그것은 **은혜**의 보좌이니까요. **행함**의 보좌도 아니고 **완벽한 행위**의 보좌도 아닙니다. 그러니 지금 바로 하나님께 나아가서 그분의 사랑을 받으십시오.

자신을 겸손하게 하여 이렇게 고백해야 할지도 모릅니다. "아버지, 죄송해요. 모든 것을 저의 노력으로 하려고 했어요. 당신을 오해했어요. 하나님의 축복을 얻어내야 하는 줄로 생각했어요. 저의 행함으로 인정받으려고 했어요. 당신은 제가 받을 자격이 있는 것만 주시는 줄 알고 예수님을 의지하지 않았어요. 저 자신의 공로를 의지해 당신께 나아가려고 했어요."

하나님께 이렇게 고백하십시오. 엎드려 회개하며 이렇게 말씀드리십시오. "아버지, 죄송합니다." 그리고 말씀이 당신에 대해 묘사하는 대로 말하십시오. "아버지, 저를 사랑해 주시니 감사합니다. 저를 정결하고 순결하며 거룩하게 봐주시니 감사합니다."

때때로 저는 거울 속의 저를 똑바로 쳐다보면서 이렇게 말합니다. "앤드류, 하나님은 너를 사랑하셔. 너는 거룩해. 너는 마치 한 번도 죄를 지어본 적이 없는 사람처럼 순결해." 처음엔 뒷머리가 곤두서면서 이런 생각이 들 수도 있을 것입니다. '하나님, 제가 이렇게 말했다고 저를 치지는 말아주세요.' 그러나 하나님 말씀을 알기에 계속 믿음으로 선포한다면 그 말씀이 역사하여 그것을 믿을 수 있을 것입니다. 하나님께서 나를 정말 사랑하신다는 것을 믿게 되어 그분의 보좌로 나아가지 않고는 견딜 수 없는 상태가 될 것입니다!

천국 문 앞에서 천사가 당신을 막아서며 이렇게 말한다면 어떻게 하겠습니까? "무슨 자격으로 여기에 들어오려고 합니까!" 그러면 그를 꾸짖으며 이렇게 말하십시오. "비키시오! 예수님의 보혈로 인해 나는 의롭고 거룩하며 순결한 하나님의 자녀입니다. 누구도 나를 막지 못해요!"

하나님의 임재로 나아갈 때 그리스도 안에 있는 당신의 정체성으로 인해 감사하십시오. 그분께 집중하고 그분이 역사하시도록 자리를 내어드리십시오. 그러면 당신은 하나님을 닮아갈 것이고 죄 가운데 살고 싶은 마음은 모두 사라질 것입니다. 거룩함을 나타내며 하나님께 더 가까이 가게 될 것입니다.

전에는 하나님과의 시간을 갖기 위해 TV를 안 보느라 애쓰는 것이 고역이었지만 갑자기 이런 생각이 들 것입니다. "도대체 TV는 왜 보는 거야?" 그런 세속적인 것들이 당신의 삶에서 저절로 사라지는 것을 발견하게 될 것입니다. 성경 공부나 기도 시간이 힘들지 않다는 것을 발견하게 될 것입니다. 그 시간이 바로 하나님과 함께하는 시간이기 때문입니다.

1800년대에 살았던 한 노인에 대한 이야기를 읽은 적이 있습니다. 그가 종에게 말하길 자신은 응접실에서 기도를 하고 있을 테니 15분 내에 저녁이 준비되면 부르라고 했습니다. 세 시간 반이 지난 후에야 그 종은 마침내 그를 데리러 갔습니다. 음식이 준비된 지 몇 시간이 지났지만 그 노인이 무릎을 꿇고 손을 들어 하나님을 예배하며 너무나 열심히 기도하고 있었기 때문에 그것을 방해하는 것이 경망하게 느껴졌던 것입니다.

마침내 그 종이 들어가서 노인의 어깨를 가볍게 두드렸습니다. 그 노인이 돌아보며 이렇게 말했습니다. "저런, 벌써 15분이 지났나? 하나님의 임재 안에 있으면 시간이 이렇게도 빨리 간다네."

그러나 우리는 15분 기도하는 것이 마치 세 시간 반처럼 느껴집니다! 그 이유는 우리가 하나님의 사랑 안으로 들어가지 못해서입니다. 하나님에 대한 잘못된 생각이 하나님의 사랑을 이해하지 못하게 하고 우리의 종교적인 전통과 잘못된 개념이 그분에게 거리를 두게 하는 것입니다.

제가 이 책에서 나눈 내용을 이해하면 하나님께서 예수님을 통해 준비해 주신 새로운 생명의 길을 통해 담대하게 지성소로 들어가는 데 도움이 될 것입니다. 당신에게 담대함을 줄 것입니다. 기도하며 하나님과 교제할 때 한 시간이 넘도록 하나님을 찬양하는 것이 고역이 아니라 기쁨이라는 것을 알게 될 것입니다. 하나님께서 우릴 위해 이루신 일을 깨달았기 때문입니다. 당신이 이 책을 읽고 있는 지금 이 순간에도 하나님은 당신을 그분께로 가까이 이끌고자 하십니다.

우리는 이 책을 통해 하나님과 친밀한 관계를 가지는 것과 그분 안에 거하는 것 그리고 그분을 진정으로 아는 것에 대해 배웠습니다. 제가 나눈 접근 방법이 조금은 생소해 보였을 수도 있지만 하나님이 어떤 분이신지 진정으로 알게 될 때, 즉 그분의 본성과 성품과 인격을 알게 될 때 하나님을 더욱 사랑하게 될 것이라고 저는 확신합니다.

저나 여러분이 하나님을 더 사랑하지 못했던 유일한 이유는 그동안 하나님이 잘못 소개되어 왔고 우리가 하나님을 오해했기 때문이라고 생각합니다. 그것 때문에 우리가 하나님께서 우리와 갖기 원하시는 가까운 사랑의 관계로 들어가지 못했던 것입니다. 이 책에서 설명한 내용을 받아들인다면 그것이 우리를 자유케 하여 우리 아버지 하나님과의 관계를 온전히 누릴 수 있게 해 줄 것입니다. 그 관계는 우리의 마음을 충만하게 하고 완전한 만족감을 가져다줄 것입니다.

예수님을 구주로 영접하는 기도

예수 그리스도를 구세주로 영접하는 선택은 우리가 평생 내리는 결정 중에 가장 중요한 결정입니다!

하나님의 말씀은 이렇게 약속하고 있습니다. **"네가 만일 네 입으로 예수를 주로 시인하며 또 하나님께서 그를 죽은 자 가운데서 살리신 것을 네 마음에 믿으면 구원을 받으리라 사람이 마음으로 믿어 의에 이르고 입으로 시인하여 구원에 이르느니라"**(로마서 10:9-10) **"누구든지 주의 이름을 부르는 자는 구원을 받으리라"**(로마서 10:13)

하나님께서는 그분의 은혜로, 우리에게 구원을 주시기 위한 모든 일을 이미 다 마무리 해놓으셨습니다. 이제 우리의 할 일은 단지 믿고 받아들이는 것뿐입니다.

이렇게 소리 내어 기도하십시오. **"예수님, 예수님이 나의 주님이시며 나의 구원자이심을 고백합니다. 나는 내 마음으로 하나님께서 예수님을 죽은 자 가운데서 살리신 것을 믿습니다. 하나님의 말씀을 믿음으로, 나는 지금 구원을 받습니다. 저를 구원해 주셔서 감사합니다."**

예수 그리스도께 인생을 맡기는 바로 그 순간 그 말씀의 진리가 즉시 영 안으로 들어갑니다. 이제 당신은 거듭났으므로 완전히 새로운 사람이 된 것입니다.

새로운 삶을 얻게 된 것을 진심으로 축하하고 환영합니다!

성령세례를 받는 기도

당신을 사랑하시는 하늘 아버지께서는 하나님의 자녀가 된 당신에게 앞으로 새로운 삶을 사는 데 필요한 초자연적인 능력을 주고 싶어 하십니다.

구하는 이마다 받을 것이요 찾는 이는 찾아낼 것이요 두드리는 이에게는 열릴 것이니라 … 하물며 너희 하늘 아버지께서 구하는 자에게 성령을 주시지 않겠느냐 누가복음 11:10-13b

이제 할 일은 구하고, 믿고, 받는 것뿐입니다!

이렇게 기도하십시오. **"아버지, 이 새로운 삶을 살기 위해서는 나에게 하나님의 능력이 필요함을 깨닫습니다. 저를 성령으로**

채워 주세요. 이 순간, 나는 믿음으로 성령을 받습니다! 나에게 성령세례를 주시니 감사합니다! 성령님을 저의 삶에 초청합니다. 성령님을 환영합니다!"

축하합니다! 이제 당신은 하나님의 초자연적인 능력으로 충만해졌습니다!

무슨 말인지 모르는 언어가 마음속에서부터 입으로 솟아오를 것입니다(고전 14:14). 그것을 믿음으로 크게 말할 때 하나님의 능력이 안에서부터 흘러나와 당신을 영적으로 세워 줄 것입니다(고전 14:4). 이제, 언제 어디서든지 원할 때마다 방언으로 기도할 수 있습니다.

주님을 영접하는 기도를 했을 때, 그리고 주님의 성령을 받기 위해 기도했을 때 무엇을 느꼈든 아니면 아무것도 느끼지 못했든 그것은 전혀 중요하지 않습니다. 받은 줄로 마음에 믿으면 받은 것이라고 하나님의 말씀이 약속합니다. **"그러므로 내가 너희에게 말하노니 무엇이든지 기도하고 구하는 것은 받은 줄로 믿으라 그리하면 너희에게 그대로 되리라"**(마가복음 11:24). 하나님은 언제나 그분의 말씀을 지키십니다. 그것을 믿으십시오!

저자 소개

1968년 3월 23일 하나님의 초자연적인 사랑을 대면한 뒤, 앤드류 워맥의 삶은 완전히 변화되었습니다. 저명한 교사이자 저자인 앤드류 워맥의 사명은 세상이 하나님을 보는 관점을 바꾸는 것입니다.

그의 비전은 복음을 가능한 널리, 그리고 깊게 전하는 것입니다. 그의 메시지는 TV 프로그램 '복음의 진리Gospel Truth'를 통해 거의 전 세계 인구의 반 이상이 볼 수 있는 상태로 널리 전해지고 있습니다. 또한 콜로라도 우드랜드 파크에 위치해 있는 캐리스 바이블 칼리지 Charis Bible College를 통해 깊게 전해지고 있습니다. 1994년 설립된 캐리스는 이제 미국 전역과 전 세계에 분교를 세워가고 있습니다.

앤드류 워맥 목사의 설교 자료는 책과 음원, 그리고 영상으로 제작되어 있으며 앤드류 워맥 미니스트리 홈페이지에 무료로 제공되어 있습니다.

연락처
앤드류 워맥 미니스트리 Andrew Wommack Ministries
홈페이지 www.awmi.net
이메일 info@awmi.net
719-635-1111

캐리스 바이블 칼리지 Charis Bible College
홈페이지 www.charisbiblecollege.org
이메일 admissions@awmcharis.com
844-360-9577

믿음의말씀사 출판물

구입문의 : 031-8005-5483 http://faithbook.kr

■ 케네스 해긴의 「믿음 도서관」 책들
- 새로운 탄생
- 재정 분야의 순종
- 나는 지옥에 갔다 왔습니다
- 하나님의 처방약
- 더 좋은 언약
- 예수의 보배로운 피
- 하나님을 탓하지 마십시오
- 네 주장을 변론하라
- 셀 모임에서 성령인도 받기
- 안수
- 치유를 유지하는 법
- 사랑은 결코 실패하지 않습니다
- 하나님께서 내게 가르쳐 주신 형통의 계시
- 왜 능력 아래 쓰러지는가?
- 다가오는 회복
- 잊어버리는 법을 배우기
- 위대한 세 단어
- 하나님의 은사와 부르심
- 그 이름은 "놀라우신 분"
- 우리에게 속한 것을 알기
- 성령을 받는 성경적인 방법
- 하나님의 영광
- 은혜 안에서의 성장을 방해하는 다섯 가지
- 사랑 가운데 걷는 법
- 바울의 계시: 화해의 복음
- 당신은 당신이 말하는 것을 가질 수 있습니다
- 그리스도 안에서
- 말
- 방언기도의 능력을 풀어 놓으라
- 옳은 사고방식 틀린 사고방식
- 속량 - 가난, 질병, 영적 죽음에서 값 주고 되사다
- 네 염려를 주께 맡겨라
- 예언을 분별하는 일곱 단계
- 절망적인 상황을 반전시키기
- 당신의 믿음을 풀어 놓는 법
- 진짜 믿음
- 믿음이란 무엇인가
- 그리스도께서 지금 하고 계시는 일
- 충분하고도 넘치는 하나님 엘 샤다이
- 금식에 관한 상식
- 하나님의 말씀 : 모든 것을 고치는 치료제
- 가족을 섬기는 법
- 조에
- 당신이 알아야 하는 신유에 관한 일곱 가지 원리
- 여성에 관한 질문들
- 인간의 세 가지 본성
- 몸의 치유와 속죄
- 크게 성장하는 믿음
- 하나님 가족의 특권
- 기도의 기술
- 나는 환상을 믿습니다
- 병을 고치는 하나님의 말씀
- 영적 성장
- 신선한 기름부음
- 믿음이 흔들리고 패배한 것 같을 때 승리를 얻는 법
- 믿음의 선한 싸움을 싸우는 법
- 하나님의 계획과 목적과 추구
- 예수 열린 문
- 믿음의 계단
- 당신을 향한 하나님의 계획
- 역사하는 기도
- 기름부음의 이해
- 내주하시는 성령 임하시는 성령
- 재정적인 번영에 대한 성경적 열쇠들
- 어떻게 하나님의 영으로 인도받을 수 있는가?
- 마이더스 터치
- 치유의 기름부음
- 그리스도의 선물
- 방언
- 믿는 자의 권세(생애기념판)
- 믿음의 양식
- 승리하는 교회

■ E. W. 케년
- 십자가에서 보좌까지 무슨 일이 일어났는가?
- 두 가지 의
- 놀라우신 그 이름 예수
- 하나님 아버지와 그분의 가족
- 나의 신분증
- 두 가지 생명
- 새로운 종류의 사랑
- 그분의 임재 안에서
- 속량의 관점에서 본 성경
- 두 가지 지식
- 피의 언약
- 숨은 사람
- 두 가지 믿음
- 새로운 피조물의 실재

■ 스미스 위글스워스
- 스미스 위글스워스의 천국
- 스미스 위글스워스의 매일묵상
- 위글스워스는 이렇게 했다
- 스미스 위글스워스의 능력의 비밀

■ T. L. 오스본
- 행동하는 신자들
- 기적 - 하나님 사랑의 증거
- 새롭게 시작하는 기적 인생

- 좋은 인생
- 성경적인 치유
- 능력으로 역사하는 메시지
- 100개의 신유 진리
- 24 기도 원리 7 기도 우선순위
- 하나님의 큰 그림
- 긍정적 욕망의 힘
- 당신은 하나님의 최고의 작품입니다

■ 잔 오스틴
- 믿음의 말씀 고백기도집
- 하나님의 사랑의 흐름
- 견고한 진 무너뜨리기
- 초자연적인 흐름을 따르는 법
- 당신의 운명을 바꿀 수 있습니다
- 어떻게 하나님의 능력을 풀어놓을 수 있는가?

■ 크리스 오야킬로메
- 여기서 머물지 말라
- 이제 당신이 거듭났으니
- 당신의 인생을 재창조하라
- 이 마차에 함께 타라
- 그리스도 안에 있는 당신의 권리
- 성령님과 당신
- 성령님이 당신 안에서 행하실 일곱 가지
- 성령님이 당신을 위해 행하실 일곱 가지
- 기적을 받고 유지하는 법
- 하나님께서 당신을 방문하실 때
- 올바른 방식으로 기도하기
- 당신의 믿음을 역사하게 하는 법
- 끝없이 샘솟는 기쁨
- 기름과 겉옷
- 약속의 땅
- 하나님의 일곱 영
- 예언
- 시온의 문
- 하늘에서 온 치유
- 효과적으로 기도하는 법
- 어떤 질병도 없이
- 주제별 말씀의 실재
- 마음의 능력

■ 앤드류 워맥
- 당신은 이미 가졌습니다
- 은혜와 믿음의 균형 안에 사는 삶
- 하나님은 당신이 건강하기 원하십니다
- 영 · 혼 · 몸
- 전쟁은 끝났습니다
- 믿는 자의 권세
- 새로운 당신과 성령님
- 노력 없이 오는 변화
- 하나님의 충만함 안에 거하는 열쇠
- 더 좋은 기도 방법 한 가지
- 재정의 청지기 직분
- 하나님을 제한하지 마라

- 하나님의 뜻을 발견하고 따라가며 성취하라
- 하나님의 참 본성
- 하나님의 최선 안에 사는 법
- 더 큰 은혜 더 큰 은총
- 리더십의 10가지 핵심요소

■ 기타 「믿음의 말씀」 설교자들
- 성령의 삶 능력의 삶
- 복을 취하는 법
- 주는 자에게 복이 되는 선물
- 믿음으로 사는 삶
- 붉은 줄의 기적
- 당신이 말한 대로 얻게 됩니다
- 예수-치유의 길 건강의 능력
- 성령 안의 내 능력
- 존 G. 레이크의 치유
- 믿음과 고백
- 임재 중심 교회
- 성령충만한 그리스도인의 지침서
- 열정과 끈기
- 제자 만들기
- 어떻게 교회를 배가하는가
- 운명
- 모든 사람을 위한 치유
- 회복된 통치권
- 그렇지 않습니다
- 당신의 자녀를 리더로 훈련하라
- 오순절 운동을 일으킨 하나님의 바람
- 주일 예배를 넘어서
- 신약교회를 찾아서
- 내가 올 때까지
- 매일의 불씨
- 여성의 건강한 자아상

■ 김진호 · 최순애
- 왕과 제사장
- 새로운 피조물의 실재
- 믿음의 반석
- 새 언약의 기도
- 새로운 피조물 고백기도집(한글판/한영대조판)
- 성령 인도
- 복음의 신조
- 존중하는 삶
- 성경의 세 가지 접근
- 말씀 묵상과 고백
- 그리스도의 교리
- 영혼 구원
- 새로운 피조물
- 믿음의 말씀 운동의 뿌리
- 1인 기업가 마인드
- 내 양을 치라
- 새사람을 입으라